中华老铺

红糖美学 著

華中科技大學出版社
http://press.hust.edu.cn
中国 · 武汉
有书至美
BOOK & BEAUTY

图书在版编目（CIP）数据

中华老铺 / 红糖美学著. -- 武汉：华中科技大学出版社, 2024. 10.

ISBN 978-7-5772-1127-5

Ⅰ. F279.24

中国国家版本馆CIP数据核字第2024XC9687号

中华老铺

Zhonghua Laopu

红糖美学 著

出版发行：华中科技大学出版社（中国·武汉）　　电话：（027）81321913

华中科技大学出版社有限责任公司艺术分公司　　（010）67326910-6023

出 版 人：阮海洪

责任编辑：张　颖　张　洋　　特约策划：王莹莹　　封面设计：李　祎

责任监印：赵　月　张　丽

制　　作：王玉平

印　　刷：天津裕同印刷有限公司

开　　本：787mm × 1092mm　1/16

印　　张：12.5

字　　数：386千字

版　　次：2024年10月第1版第1次印刷

定　　价：228.00元

華中出版

本书若有印装质量问题，请向出版社营销中心调换

全国免费服务热线：400-6679-118　竭诚为您服务

前言

在这个快节奏的时代，我们常常忙于奔波，以至于经常会忽略那些静静守候在时光深处的瑰宝。它们是历史的低语，是文化的沉淀，是我们共同的记忆。《中华老铺》这本书是一份珍贵的礼物，它将带领我们穿越喧嚣，回归那些静谧而温暖的角落，去聆听、去感受、去珍惜。

书中的每一页，都是对一家老字号的深情致敬。它们或许是一家百年老店，或许是一项濒临失传的技艺，又或许是一种让人回味无穷的传统味道。这些店铺，不仅仅是商业符号，更是文化的传承者，是历史的讲述者，是我们民族精神的守护者。

在本书的引导下，我们将踏上一场文化之旅。每一幅手绘的店面图，都是一场视觉盛宴，让我们得以近距离欣赏那些独具特色的建筑。而随后的深入挖掘，则是对这些老字号背后故事的探索，是对它们所蕴含的传统文化和非遗技艺的解读。

更为贴心的是，本书还为我们提供了每家老字号店铺(老铺)地址和参观信息。这不仅是一本介绍老字号的图书，它更像是一位热心的向导，带领我们走进这些老铺，去亲身体验那份传承千年的文化韵味。

让我们一起打开这本书，用心灵去触摸那些古老的砖瓦，用情感去连接那些悠久的历史。这不仅是对过去的回望，更是对未来的期许。愿每一位读者，都能在这本书的陪伴下，找到属于自己的文化根脉，感受到那份跨越时空的共鸣。

目录

谢馥春

江苏省扬州市广陵区东关街 381 号

- 042 -

王一品斋笔庄

浙江省湖州市吴兴区红旗路 97 号

- 046 -

春和楼

山东省青岛市市南区中山路 146 号

- 050 -

缸鸭狗

浙江省宁波市海曙区中山东路 188 号
天一广场水晶街 68 号

- 054 -

贾三包子

陕西省西安市莲湖区回民街北院门 93 号

- 058 -

西安饭庄

陕西省西安市碑林区东大街 298 号

- 062 -

北京同仁堂

北京市西城区大栅栏街 24 号

- 066 -

陈麻婆豆腐

四川省成都市青羊区东华门街 51 号

- 070 -

长沙火宫殿

湖南省长沙市天心区坡子街 127 号

- 074 -

陶陶居

广东省广州市荔湾区第十甫路 20 号

- 080 -

又一新

河南省开封市鼓楼区寺后街 23 号

- 086 -

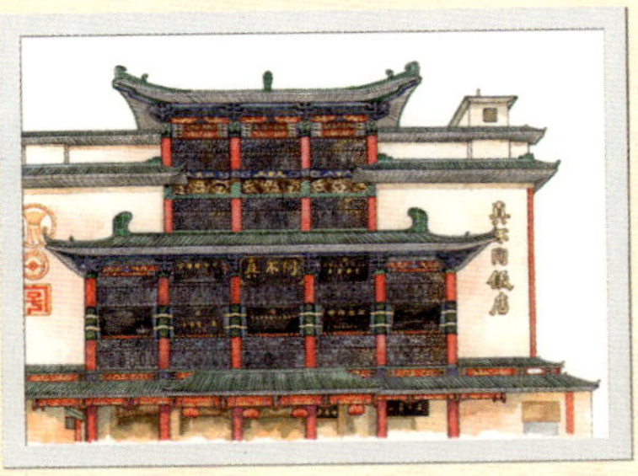

真不同

河南省洛阳市老城区中州东路 393 号

- 090 -

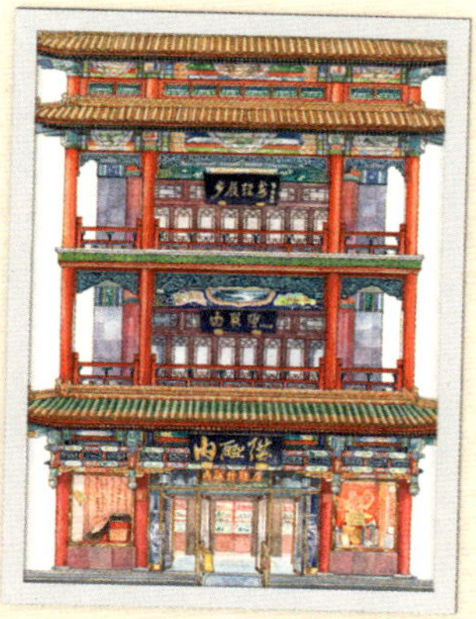

耿
福
興

同利肉燕

奇芳阁

吴鲁衡

安徽省黄山市休宁县上街70号

- 168 -

瑞蚨祥

北京市西城区大栅栏5号

- 174 -

同盛祥

陕西省西安市莲湖区西大街5号

- 178 -

王星记

浙江省杭州市天目山路518号

- 182 -

胡开文墨庄厂

安徽省黄山市屯溪区老虎山路5号

- 186 -

北园酒家

广东省广州市小北路202号

- 190 -

老天华

福建省福州市白马南路大庙新村1座21店

- 194 -

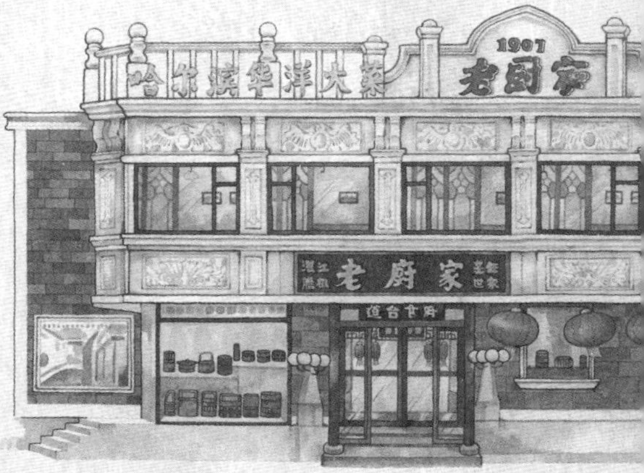
1907

中华首妆
谢馥春

富春茶社

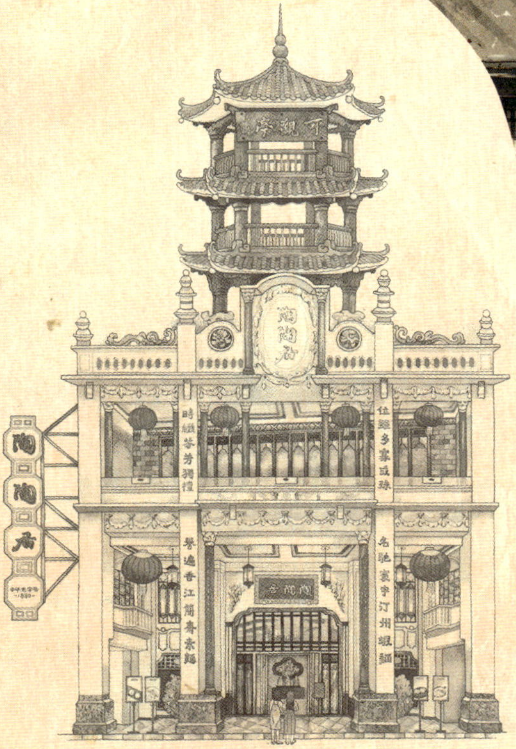

在老铺的斑驳光影里，
岁月悄然编织成一幅长卷。
门扉微启，
时光被温柔折叠。
每件陈设都藏着故事。
古韵浓墨重彩，
细细描绘，
岁月风流的画篇。
一笔一画，
皆是时光的痕迹。

福林堂

“中医药脉”守望者

云南省 昆明市五华区光华街31号

在昆明的光华街上，时光似乎放慢了脚步。福林堂，一家百年药铺，它静静矗立，诉说着彩云之南的草根智慧。它的丸散膏丹、细贵药材和坐诊的名医，是昆明人心中的守护符。虽曾负债困厄，商标被拍卖，但福林堂依旧屹立，见证着昆明的岁月流转。

效古人悬壶济世

清朝初年，一位姓李的江湖郎中从湖北黄冈来到昆明，以高超医术和仁爱之心，赢得了人们的尊敬。咸丰年间，他的后裔李玉卿继承祖业，在光华街开设了一间小药店，人们称它为“簸箕堂”。李玉卿见许多求医的百姓穷困，便仿照三国时期的董奉：若病患痊愈，重症者在堂后种下三棵杏树，轻症者种一棵，以此抵偿药费。因治愈的人数众多，没多久，堂后的杏树已经成林，由此有了一个寓意深长的店名“福林堂”，并一直流传下来。

“簸箕堂”变“八封楼”

福林堂的成长见证了创始人的坚毅。从最初的小小门面，逐渐壮大为面字扇形的三层古建筑（八封楼），呈现出四通八达的独特格局。窗棂门柱上精细的花草雕刻、抱头梁柱上摇曳的红灯笼，都散发着古色古香的韵味。一走近，便能闻到阵阵药香，令人心安。白色的大字清晰标明售卖的草药和药膏，旁边高挂的幡帜上写有“福林堂地道药材”几个字。

二楼是专门的药房，患者可在一楼名医处问诊开方，二楼抓药，非常方便。

趣诗明初心

踏进福林堂一楼，你可能会被那些古老的柜台和墙边的草药堆所吸引，但真正让人心头一震的，是墙上那首古诗。相传有个清朝的举子到这儿躲雨，雨停后，他挥毫留下了这首诗，里面巧妙地点出了半夏、连翘、当归、蒙花等 11 味中药材。这不只是诗，而是福林堂的善心，是他们对求医百姓的那份深厚情意。

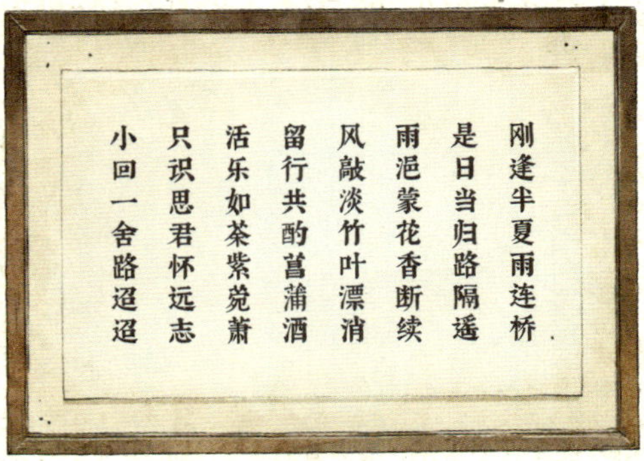

老昆明人的记忆

年岁稍长的昆明人，几乎都吃过福林堂的银翘散与糊药。二楼药房里，几根白线从天花板上轻轻悬垂，药师选取药材，一扯白线，手法娴熟地将其包好。这传统方式，年复一年，始终如初。在老顾客心中，福林堂确实是如那悬挂的楹联所说：“本堂药料选办最精，参茸燕桂必择其尤，饮片丸散精益求精，药真价实包换来回。”

福林堂的药方

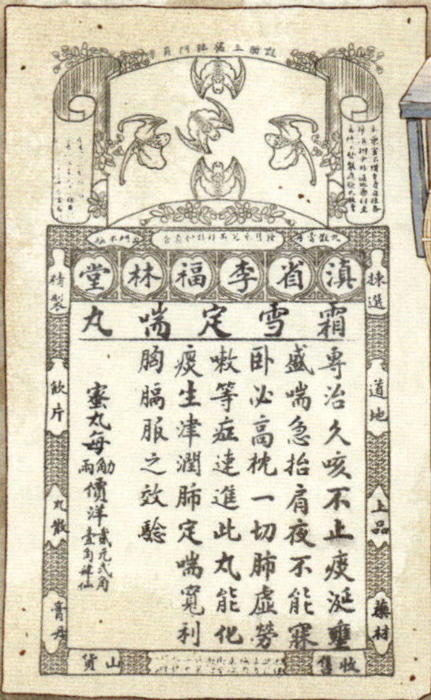
滇省李福林堂

霜雪定喘丸

专治久咳不止痰涎壅盛喘急抬肩夜不能寐卧必高枕一切肺虚劳嗽等症连进此丸能化痰生津润肺定喘宽利胸膈服之效验

蜜丸每

拣选 道地 上品 药材

精制 饮片 丸散 膏丹

选材

中药本质上是利用自然的草木功效，药能否起到作用，最根本在于是否挑选好的药材。李玉卿之子李复初，十余岁开始学习如何鉴别药材，练就一手绝活，这项技艺先由血缘后从师徒关系传承，成为福林堂的核心技术。

制药

严格的师徒传承制度，让福林堂专业繁复的制药技艺悉数传承下来。“口芪切成瓜子片，槟榔切得不见边；桔梗切成云彩片，杭芍铡得飞上天”，药工秉承祖训，稍有差池绝对不上柜台。因此，民国时的众多名医纷纷指定福林堂为其供药。

抓配

每服药用到的药材少则五六种，多则十余种，但福林堂有个硬规定，一服药总体误差最多一克，并且由专人负责监督。因为治病救人比不上其他吃喝，药量差一点儿可能就会耽误病情。

价格

福林堂开具的药方上面，都工整地标注着每味药材的价格，不管是名贵药材鹿茸、燕窝，还是平价的甘草，无一例外，言不二价，童叟无欺。

医者仁心，在艰难时期，福林堂的老店长以医者之心，坚持每天到店服务，为顾客排忧解难。然而，2018 年，负债之累迫使福林堂走到了商标被拍卖的境地。许多昆明市民痛心不已，唯恐这位陪伴了他们几十年的“老友”将随风而逝。幸运的是，国家及时将福林堂列为重点文物保护单位，决定对其三层古建筑进行重新修缮。相信不用多久，昆明市民将能重返焕然一新的福林堂。

云南省昆明市五华区光华街 31 号

创建时间	1857 年
营业时间	08:30—20:00
人均消费	100 元
提　示	因为老铺不定时修缮，目前营业时间并不固定，但是可以路过打卡。

1857 年

祖籍湖北黄冈的李玉卿在昆明创办福林堂。

1956 年

福林堂公私合营，打破了以血缘关系作为传承的经营模式。

1994 年

福林堂被评为“中华老字号”。

2003 年

福林堂老铺被列为市级重点文物保护单位。

2006 年

福林堂再次被评为“中华老字号”。

2013 年

福林堂被列为全国重点文物保护单位。

2019 年

云南省文物局审批通过了福林堂修缮方案。

富春茶社

“不进富春门，等于没到过扬州城”

江苏省 扬州市广陵区国庆路得胜桥 35 号

在扬州，早茶不仅仅是一顿餐，而是一种生活的仪式。清晨，去富春茶社吃早茶是扬州市民一天的开始。穿过小巷，伴着微凉的晨风，他们来到这里，喝上一杯新泡的茶，吃上几个刚出笼的点心，新的一天就这样被温馨地唤醒。走进得胜桥的小巷，微微抬头，“富春茶社”四字矗立在朝阳中，显露出历史的庄重与独特的味道。往前 50 米，老茶社静静地伫立着，就像等待朋友的老人，熟悉而亲切。

自1885年门面挂牌以来，富春茶社从简单的花茶起家，经过时光的沉淀，现在已成为花、茶、点、菜相结合的淮扬美食殿堂。每种食物似乎都在诉说着扬州的故事，古朴、雅致，而又不失生活的味道。

“不进富春门，等于没到过扬州城”，这句话几乎成了扬州的流行语。富春茶社不仅是扬州人的味蕾记忆，更是这座城市文化的一个缩影，简单、宁静，却又充满了生活的热情。

“高低”各不同，也可其乐融融

富春茶社欢迎所有人来此吃茶，所以，甭管你是不是有钱人，都可以来此悠闲地度过几个小时。不过，以前人们的尊卑观念还比较重，不同身份的人便总喜欢分开就座，于是渐渐地形成了几个堂口。

乡贤祠

多为地方上有头有脸的人物，地位较高。

大成殿

读书人的聚集地，最初叫“教育厅”。

土地庙

商人聚集地，盐商、钱庄客人、各行业的老板、管事都在这里聚集。最初叫“商业厅”。

义冢地

冢，即坟墓；义冢，乃无主之坟，是个带有鄙笑的称呼。可想而知，最初聚在此处的必然是下层人士。

虽设多个堂口，但富春茶社从未拒人于千里之外，体现了扬州人的开放与包容，富春茶社不仅以物美价廉闻名，更难得的是总能让各色人等在此其乐融融，共饮香茶，共谈时事。

富春花局

花：紧跟“潮流”，以花局起家

富春茶社最初是一家“花局”，依其字面意思，就是卖花的，由扬州人陈霭亭创办。“花局”栽培四季花卉，创作各式盆景应市，附带卖些茶水。现在，富春茶社的“花”常是人们饭后消食的娱乐，吃茶赏花，好不快活！

花
茶

茶：独创魁龙珠，名声大噪

陈霭亭离世后，其子陈步云接手父业，随后入商会“商业中学”。商会会长的父亲颇爱品茶，然茶馆常有不雅交易，会长担忧父亲涉足其中影响商会声誉，陈步云遂建议在花局开设茶社，仅供老太爷与友人消遣，一处私密茶社由此成立。

不久，名茶“魁龙珠”便从此茶社诞生！魁龙珠一茶，取扬州珠兰、安徽魁针、杭州龙井三茶共泡，创“一壶水煮三省茶”之名，茶名亦由三茶首字拼成。三茶展开时间异、耐泡程度异、色泽浓淡异、香味亦异，取龙井之色、魁珠之味、珠兰之香，融合成一杯新茶。魁龙珠一出，富春茶社名声大噪，“副业”不再能藏。花局遂数度更名，由“藏春坞茶社”到“借园俱乐部”，终定名为“富春茶社”。

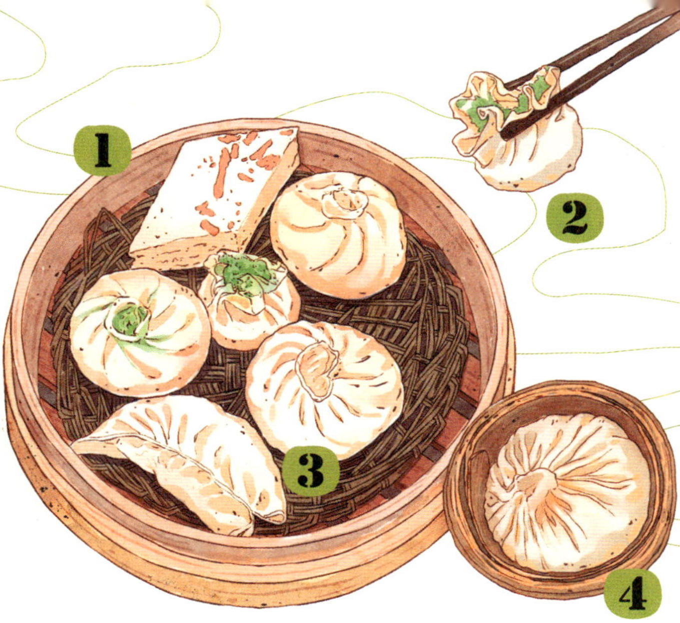

1 千层油糕

油糕分六十四层，层层糖油相间，表层覆以红绿瓜丝，绵软甜嫩。

2 翡翠烧卖

面皮薄如纸片，形状酷似荷叶，包裹住饱满的绿色馅心。

3 三丁包

里面包着鸡丁、笋丁、肉丁，包的就像是一个鲫鱼嘴。

4 蟹黄汤包

汤汁醇正浓厚且清爽。吃汤包时要“轻轻提，慢慢移，先开窗，后喝汤”。

点：百种点心，茶社之基

汪曾祺先生在《如意楼和得意楼》中曾言：“上茶馆并非专为喝茶。茶当然是要喝的，但主要是去吃点心。因此‘上茶馆’又称‘吃早茶’。”富春茶社如今已拥有三百多种点心，其中千层油糕和翡翠烧卖被誉为“双绝”，是扬州面点的代表。

点菜

菜：诠释口味，讲究工艺

富春茶社以点心搭配为特点，精致、雅致、清淡而优雅。尽管点心种类不如其他茶馆那么丰富，但仍然展现了淮扬菜系的独特风味和高超工艺。

早期，茶馆的点心通常以笼为单位供应，一笼十六个，客人至少也要点半笼。然而，富春茶社独创了“杂花式”供应方式，一笼内包括八种点心，每种两个，味道各异，广受欢迎。此外，富春茶社也支持按照单品点菜，无须拘泥于点一整笼，更注重单独品味独特美味。

首先，需用刀刃贴着指肚，将坚实的扬州白豆腐干切成细丝，这对刀工要求极高。接着，将豆腐丝与火腿、冬笋、虾仁等一起煮在鸡汤中，烹饪出的菜肴口感鲜美，味道平和，堪称淮扬菜系的杰作。

富春烧鳝

入口即化，兼有配菜，味道稍甜，乃富春菜品的招牌。

百年富春，何以百年？以坚守，以创新

从自 1885 年开张以来，富春茶社已走过了一百三十多个春秋。这段漫长的历史，凝结了富春茶社两大灵魂——坚守和创新。

刺猬包

形状酷似刺猬，手艺精湛。

麻辣鸡饺

借鉴了西安面点和川式面点的麻辣口感，又有淮扬面点的精巧和雅致。

玉果粉点

用澄面做成，八种水果，八种口味。

富春茶社一直坚守着“富春品牌，物美价廉”的经营理念，如同国家级非物质文化遗产项目里富春茶点制作技艺的传承人徐永珍所强调的：“这个牌子不能丢，这独特的口味不能丢。”

同时，富春茶社也在创新的道路上大步前进。正如面点大师徐永珍所言：“创新不只是创造新点心，还要顺应时代潮流，对传统点心进行不断的改进。”在这里，不仅能品尝到新颖的点心，还能随季节和口味喜好的变化，发现新的面点。说起面点制作，数十种不同的品种也让富春茶社成为别具一格的点心天地。

已经走过了一百三十多个年头的富春茶社，是品尝地道淮扬菜的最佳去处。一口淮扬菜吃进嘴，嚼的是美食，感受到的却是这份独属于扬州城的味道和记忆。

全国首批“中华老字号”

江苏省扬州市广陵区国庆路得胜桥 35 号

创建时间	1885 年
营业时间	06:30—13:30 16:00—19:30
人均消费	62 元
提　　示	走到巷口，一定要注意“富春茶社巷内 50 米”的指路牌。

1885年

古城扬州“千家养女先教曲，十里栽花算种田”的遗风依然盛行，花艺行业兴隆，创始人陈霭亭便在得胜桥巷内租住十几间民房和几分空地，创设了“富春花局”。

1921 年

魁龙珠的配方定型问世。自此，魁龙珠一直深受文人墨客、名流官宦所追捧，到了 20 世纪 50 年代，富春茶点普及大众，受到男女老少的喜爱。如今，随着旅游发展，魁龙珠也深受外国朋友青睐，大家到富春茶社品茗赏花、吃菜聊天已成为一种时尚。

2008年

富春茶社的茶点制作技艺被列为第二批国家级非物质文化遗产。

老厨家

中西交融创百年，东北饮食活招牌

黑龙江省 哈尔滨市道里区友谊路318号

这家饭店全名老厨家道台食府，简称“老厨家”。当夕阳悄悄西下，钟声宣告着六点，老厨家的大堂便会热闹非凡。一些食客专注于美食，他们的筷子在盘中翻飞，每一口都是美味的享受；另一些食客则不时抬头四顾，漫步于这个充满故事的空间中，时而凝视着装潢细节，时而被饭店内的陈设所吸引。

一家半博物馆式的老餐厅

在老厨家，你会惊喜地发现老道外中华巴洛克式的桃形房檐、雪花窗格，北二道街的便门、飞轮、老广告塔、老建筑门扇以及老厨家家传菜谱，原版哈尔滨各时期的老地图、老建筑图纸……

这些老建筑让人仿佛置身于民国时期的哈尔滨，为我们展现了当年的风景，感受到哈尔滨与俄罗斯交融并生的“混血”文化。

中东铁路老火车餐区

“巧迎合”，郑老厨创垂涎三尺锅包肉

提到东北菜，这几样菜品似乎亘古不变地代表着正宗东北味儿：猪肉炖粉条、小鸡炖蘑菇、东北大乱炖以及锅包肉。既然说到老厨家，那就让我们重点聚焦在锅包肉这道招牌美食上。

老厨家的缔造者郑兴文，于 1907 年至 1920 年在哈尔滨道台府担任主厨。哈尔滨道台府与当时的其他官邸不同，它需要款待众多的外国官员，尤其是俄国官员，因此在饮食方面需要照顾他们的口味。于是，郑兴文从自己的太太身上获得了灵感。

郑兴文的太太正好是俄国人，她钟爱一道北京菜，名为焦炒肉片，制作方式与现今的锅包肉颇为相似。然而，她不太喜欢菜品本身的咸味，每次都会加入糖醋，调制成酸甜口味。于是，郑兴文尝试着用加了糖醋的焦炒肉片来款待外宾，结果受到了热烈欢迎！

然而，作为一道正式的官宴菜肴，必须有一个正式的名称，毕竟不能简单地称之为“加了糖醋的焦炒肉片”。于是，郑兴文灵机一动，考虑到肉片需要在油中反复炸两次，油爆得滋滋作响，于是将其命名为“锅爆肉”。可惜的是，俄国官员对“爆”这个字音读不准确，读成了一声。渐渐地，这道美味菜肴演变成了今天我们耳熟能详的锅包肉。

1 猪里脊切稍厚的片

2 调制糖醋汁

3 淀粉厚抓

4 不同油温反复炸两遍

5 加入调制好的糖醋汁

6 大火快炒烹汁

糖醋汁、番茄酱，谁才正宗？

1911 年，在奉天（今辽宁省沈阳市）举办的万国鼠疫研究会上，郑兴文应邀成为专厨，负责会议的第一顿餐点。郑兴文毫不犹豫地决定了第一餐的主菜——锅包肉。然而，问题出现在食物分发方式上，因为锅包肉需要在热气腾腾的状态下享用，一旦凉了，味道就会大打折扣。郑兴文为了解决这一难题，进行了创新，将原本的烹汁改成了熘汁，并添加了番茄酱，以确保锅包肉不会失去其美味。

大会结束后，这个经过改良的锅包肉迅速在沈阳的餐馆中传开，得到了众多食客的喜爱。所以，黑龙江地区的锅包肉更偏向糖醋味，而辽宁地区的锅包肉则以加入番茄酱而著称。

独有一绝店难为，垂涎欲滴特色菜

油炸冰棍儿

给冰棍儿裹上面衣，在冰柜里冻上四个小时，再裹上面糊，炸个七八秒，趁冰棍儿还没有化就赶快出锅。

不甜不腻，一口体会冰火两重天。

酸瓜阳春卷

酸黄瓜切丝，鸡脯肉煮熟撕成丝，用春卷皮包好油炸。

吃起来酥脆酸甜，春日提神正好。

有色有香，有味有形。

天龙赐福

用鱼肉做“鳞片”，围绕在红烧肉（满族文化里称“福肉”）四周，象征着吉祥和福气，是老厨家的一道著名吉祥菜。

在充满故事的哈尔滨，老厨家为客人奉上了一道味蕾的盛宴，同时也述说着一段承载着传统与创新的独特历史。从道台府到现在的老厨家，一代又一代的大厨，不仅守护着口味，更传承了家族的厨艺之魂。

1885年

1861 年，郑兴文生于北京的茶商家庭，尽管在茶香中长大，但他悄悄爱上了烹饪，曾在恭王府学习宫廷菜。24 岁时，他在北京东城东华门大街开了家名为“真味居”的餐厅，即老厨家前身。但因为一次不慎给一位太监高官送错菜，导致饭店被迫停业。

1907年

真味居被迫关门后，郑兴文经介绍来到了哈尔滨，出任滨江关道衙门膳长（主厨），一干就是十三年。

1922年

离开道台府后，郑兴文和儿子郑义林重新在哈尔滨道里区中央大街开了一家真味居。当时，郑兴文已经六十多岁，人们一提起去哪里吃饭，就说“去那个老厨家呗！”“老厨”这个绰号深入人心，于是郑义林干脆将店名改为了“老厨家”，这个名字一直沿用至1938 年。

全国非遗保护传承示范单位

黑龙江省哈尔滨市道里区友谊路 318 号

创建时间	1922 年
营业时间	10:30—21:00
人均消费	77 元
提　示	饭后可以在店里好好逛逛，了解老厨家和东北餐饮的历史。

2000年

第四代传人郑树国，也就是郑兴文的曾孙，决定复兴祖业，重新树立起了“老厨家”这个百年餐饮品牌。从始创自光绪年间的“真味居”到如今的“老厨家”，已经走过了 139 个年头。

马迭尔宾馆

东北“凡尔赛”，东方“新艺术”

黑龙江省 哈尔滨市道里区中央大街89号

马迭尔宾馆，本名源自俄语“модерньn”，意为“摩登的、时髦的、现代的”，音译为“马迭尔”。这座宾馆的主人，是一位对法兰西文化怀有深厚热忱的俄籍犹太人，名叫约瑟·开斯普。

从1913年那个辉煌的开业时刻开始，马迭尔宾馆就以其典雅之姿屹立于此，鲜明的新艺术建筑风格带给来客一场别样的欧洲之旅。因其独特之美，人们亲切地赋予它“小凡尔赛宫”的美誉。

“新艺术”建筑的灿烂遗产

新艺术风格建筑，流行于19世纪末至20世纪初，其独特之处在于它的叛逆。它拒绝了刚硬的直线和尖锐的角度，崇尚展现大自然和人体之美。在造型上，它放飞了创意，运用自由飘逸的曲线和曲面，将简约和华丽融合成一体。

站在远处眺望马迭尔宾馆，你会被其庞大而又富有变化的轮廓所吸引。尤其是它的屋顶，充满曲线与曲面，形成精致的女儿墙，高低错落。

一访“小凡尔赛宫”

马迭尔宾馆内部充满奢华复古的韵味，晶莹的吊灯、金属楼梯、银色支柱，以及精美的雕刻，让人仿佛置身于东方的“小凡尔赛宫”。

在这众多的装饰中，《山神拯救一位少女》这幅油画对于马迭尔来说至关重要，它不只是一幅具有装饰性的画，更见证了马迭尔的历史，是马迭尔的镇馆之宝。

复古奢华风格的宴客厅

俄国宫廷画师老巴代夫创作于马迭尔宾馆创建之初，即 1906 年。此画高 2.3 米、宽 1.5 米。取材于但丁的《神曲》。

《山神拯救一位少女》

曲中有致女儿墙，新艺术的最佳体现。

声名远扬的马迭尔

马迭尔宾馆是当时东北亚地区最大的集餐饮、娱乐、住宿为一体的旅馆，因此便成为国内外各界名流途经哈尔滨的首选落脚地。“国母”宋庆龄、末代皇帝溥仪、文学家郭沫若、画家徐悲鸿等历史名人，都曾在此下榻。

门牌上的介绍

宾馆初期留下来的各种老物件

20 世纪，马迭尔宾馆成了哈尔滨不可思议的聚集中心，剧院、餐厅、客房都热闹非凡。这里汇聚了最高级的交响乐和一流的舞蹈，中俄名人云集，他们不约而同来这里尽情娱乐。有时他们会聚在宴会厅享用盛宴，有时则坐在电影院观赏全球首映电影。

马迭尔的名气远播国外，各路明星纷至沓来，都希望在这里登台演出。1917 年，俄罗斯著名演员伊万 · 莫如欣在此上演了一场精彩的哑剧；而著名舞者、诗人拉丽萨 · 安德森也在她的日记里写道：“我喜欢在马迭尔宾馆工作。在电影院等待下半场演出或休息时，我们有时一起读报、聊天，或者玩扑克牌。”

保留在马迭尔宾馆回忆中的俄罗斯音乐家

1928年的化装舞会

时至今日，马迭尔或许不再像从前那般热闹与多元，但仍尽可能地保留着当时的记忆。曾经居住在此的俄侨若再回故地，想必会记忆涌动，岁月重现。

1906年

马迭尔宾馆在哈尔滨中央大街正式开始建造，日后成为当时远东地区最时尚、最高档的第一家涉外宾馆。

1929年

为实现孙中山遗愿，1927年宋庆龄访苏并发表《赴莫斯科前的声明》，1929年5月归途中下榻马迭尔宾馆。

1932年

由于松花江流域洪水泛滥，哈尔滨整体受灾严重，马迭尔宾馆遭受重大损失。

1946年

哈尔滨解放后，马迭尔宾馆改为中共中央东北局招待处，成为当时解放区的政治会议中心。

1948年

马迭尔宾馆被中央确定为召开全国政协会议预备会议的最佳所在地。1948年9月，新政协筹备活动在此进行。

2007年

马迭尔宾馆创建爱国主义教育基地并对外开放，让人们能了解历史，铭记过去。

МОДЕРНЬ

黑龙江省哈尔滨市道里区中央大街89号

创建时间	1906年
营业时间	全天
人均消费	499元
提　　示	如果想要入住宋庆龄、茅盾等名人居住过的客房一定要提前预订哦！

2017年

马迭尔宾馆入选“第二批中国20世纪建筑遗产”。

马祥兴菜馆

南京城里的百年清真味

江苏省 南京市鼓楼区云南北路 32 号

从饭摊子到“马祥兴”

南京有很多清真饭店，马祥兴当属它们的“老大哥”！马祥兴菜馆始建于 1845 年，是南京年头最早的清真饭店，也是南京现存年龄最大的饭店。曾经它一身清贫，仅是个街头小摊，如今已成长为拥有三千余平方米大堂的中华名店，成为南京清真美食的标杆。

清朝道光年间，河南省孟县（现孟州市）发大水，回民马思发逃难到了南京中华门外的花神庙，在这儿落脚谋生。“何以谋生？”——民以食为天。于是，马思发在门口摆了个小饭摊，经营些简单的饭食，价格低廉，为人地道和气，其生意越发兴旺。

不久后，马盛祥子承父业，继续经营，并将饭摊迁址雨花台回民聚居地，正式取名“马祥兴”。单看这个名字或许会有点不明就里，其实就是“马盛祥”名字的一头一尾，加以“兴”字结尾，寓意兴旺发达、吉祥如意。自此，马祥兴的名号就在南京城正式建立起来了。

物美价廉的外卖窗口

马祥兴除了堂食，还设置了两侧外卖窗口。左侧是马祥兴回味食坊，专卖回族风味的卤味；右侧则是特色小吃，卖些早晚餐或小零嘴。这些小吃物美价廉，深受南京本地人喜爱，尤其是爷爷奶奶辈。

主动“代言”的名人骚客们

民国政府迁都南京至遭遇日军侵占期间，马祥兴达到了它的全盛时期。这里成为名人们纷纷光顾之处，无论是作为官方接待还是私人聚会，都少不了这家餐馆。

爱好豆腐的胡先生

20 世纪 20 年代，南京东南大学的两位杰出教授，胡翔东（绰号“胡三怪”）和胡小百，常常光顾马祥兴菜馆。当这两位名家教授造访时，餐馆不仅热情服务，还烧制了特制菜肴。一次，厨师们巧妙地以鸡肝、虾仁等食材为基础，巧手烹制了一道独特的豆腐菜肴，将普通的豆腐变成了一道美味佳肴。两位教授对这道菜赞不绝口，其美味让他们忍不住在课堂上大加推崇。这道特制豆腐就像是有了生命，在两位教授的赞誉下，传遍了南京的各大校园，甚至被誉为“胡 sir 豆腐”。很快，无数教师和学生慕名而来，品尝这道美味佳肴。

带客品尝清真味的白先勇

1987 年 2 月，著名作家白先勇从台湾回到南京，他的第一站就是马祥兴，带着一位美国客人来品尝这里的四大名菜。品尝后，他的心情愉悦，激动地表示：“风味不减当年，太精美了，不愧为百年老店！”这番夸奖无疑是对马祥兴的最高赞美。

值得一提的是，马祥兴的四大名菜之一——蛋烧卖，其创意灵感正是来自于白先勇的父亲白崇禧先生。而这对父子都是马祥兴的忠实粉丝，对这家老店情有独钟。

扩充北京美味的张治中

1946 年，国民党开明人士张治中与周恩来、美国马歇尔上将一同组成了“三人军事协调小组”，他们到达南京时，张治中特邀马祥兴的资深大厨、外号“小耳朵”的马定松，为周恩来和马歇尔备下盛宴，以热烈欢迎他们。这次宴会给周恩来留下了深刻印象。

1958 年，张治中再次发挥关键作用，特委托南京马祥兴调派厨师前往北京饭店，为该饭店扩建后的工作贡献了南京清真菜的独特技艺，为北京城的美食文化增添了新元素。

留下墨宝的于右任先生

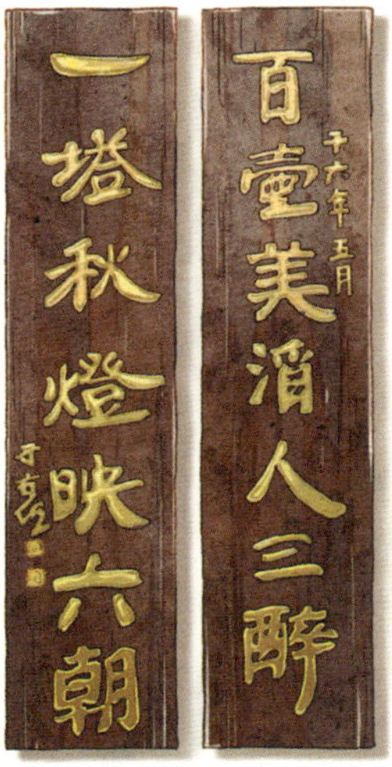

“百壶美酒人三醉，一塔秋灯映六朝，横批：饶有风味。”

民国时期，著名的爱国主义者、书法家、美食家于右任亲笔撰写的这副对联，至今仍挂在马祥兴大堂的墙壁上。

于右任是个美食老饕，对南京尤为钟情，几乎品尝了南京所有美食，而拥有高品质清真美食的马祥兴必然成为他的首选。一天，他在马祥兴用餐后心满意足，回家后提笔写下了这副对联。这不仅为餐馆做了免费的宣传，还为其增添了古朴风味。当时，马祥兴位于报恩寺附近，这里曾是明朝永乐皇帝的娱乐场所，搭配这副对联，为马祥兴赋予了明代老店的韵味。菜馆还特意在街头使用古老的大铁锅煮牛肉，古香古色，仿佛时光倒流。这样的宣传在当时非常成功，吸引了许多文人雅士前来就餐。

四大招牌

回民食谱中通常以牛羊肉为主菜，例如羊肉泡馍、羊杂碎汤、牛肉罩饼等，但马祥兴独辟蹊径，巧妙地融合了江南最常见的食材，如鱼、鸭、虾、蛋等，将清真风味与本地特色相结合，创造出了马祥兴的四大招牌菜。

凤尾虾

与一般炒虾仁不同，凤尾虾保留了虾尾下半部分的壳，搭配青豌豆和白果，以鸭油爆炒。成菜后虾肉白嫩，尾巴红艳，微微上翘，似凤凰尾，故名“凤尾虾”，为马祥兴首创。

蛋烧卖

厨师们用蛋皮裹着虾蓉，做成烧卖状，蒸熟后再浇上用鸡汁、芡粉、鸭油调成的卤汁，这便是蛋烧卖。白崇禧品尝后欣然称赞，蛋烧卖由此走红。

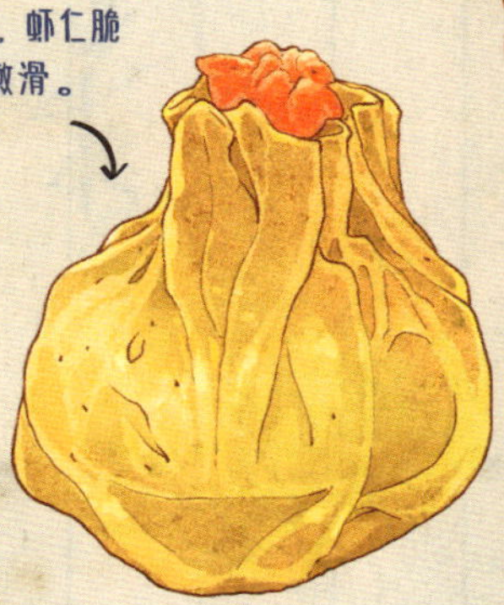

松鼠鱼

马祥兴的厨师在处理鱼时，对鱼头精雕细琢，越发形似松鼠头。鱼身则从鳃边“猛虎下刀”，刀刀到皮却不破。然后用粉液裹住鱼身油炸，见黄即起锅，外脆里嫩。最后浇汁，成品活脱脱像一只小松鼠！

美人肝

这道菜的诞生纯属偶然。在一次酒席中，后厨备料不足，厨师马定松情急之下，用鸭胰脏和鸡脑，加上鸭油爆炒，结果成了一道鲜嫩爽脆的美食。客人非常喜欢，询问菜名，马定松见其色泽白中泛红，十分娇美，便称之为“美人肝”。

在将近两个世纪的发展中，晚清、民国、中华人民共和国的更迭与发展在这里留下了印记，兴盛、衰落、再度崛起都令马祥兴成为时代变化的见证。南方独特的清真味道更在这里传承发扬，开枝散叶。

光阴流转，饮食的饕客换了一茬又一茬，但“风味不减当年”的要求，马祥兴始终一贯。若来到南京，记得走进马祥兴尝尝，不为别的，一试“当年味道”，足矣。

1840年

马祥兴的前身“马回回饭摊子”在中华门外花神庙创立。

1937年

日军侵占南京，马祥兴被烧得片瓦不留。两年后，第三代传人马德铭回乡复兴祖业，即在原址复建，重新开业。

1949年

南京解放前夕，马祥兴菜馆遭到土匪抢劫，损失惨重，业务惨淡，雇工仅剩下三人。中华人民共和国成立后，第四代传人马定文继任马祥兴菜馆主任，继续经营。

1958年

为满足回民饮食需要，发挥名牌老店的作用，南京市政府将马祥兴迁至中山北路5号，并扩大经营规模。于是，以马祥兴为代表的清真菜馆便成为团结少数民族的重要标志。

馬祥興

江苏省南京市鼓楼区云南北路32号

创建时间	1845年
营业时间	7:00—20:00
人均消费	61元
提　　示	店内有外卖窗口，可以打包一些麻团和鸭油烧饼带走吃。

2003年

因市政建设需要，马祥兴一直饱受“拆与不拆”的苦恼，2003年终于确定拆迁。历时三年建设，全新的马祥兴有三千多平方米，成为全国一流的清真菜馆。

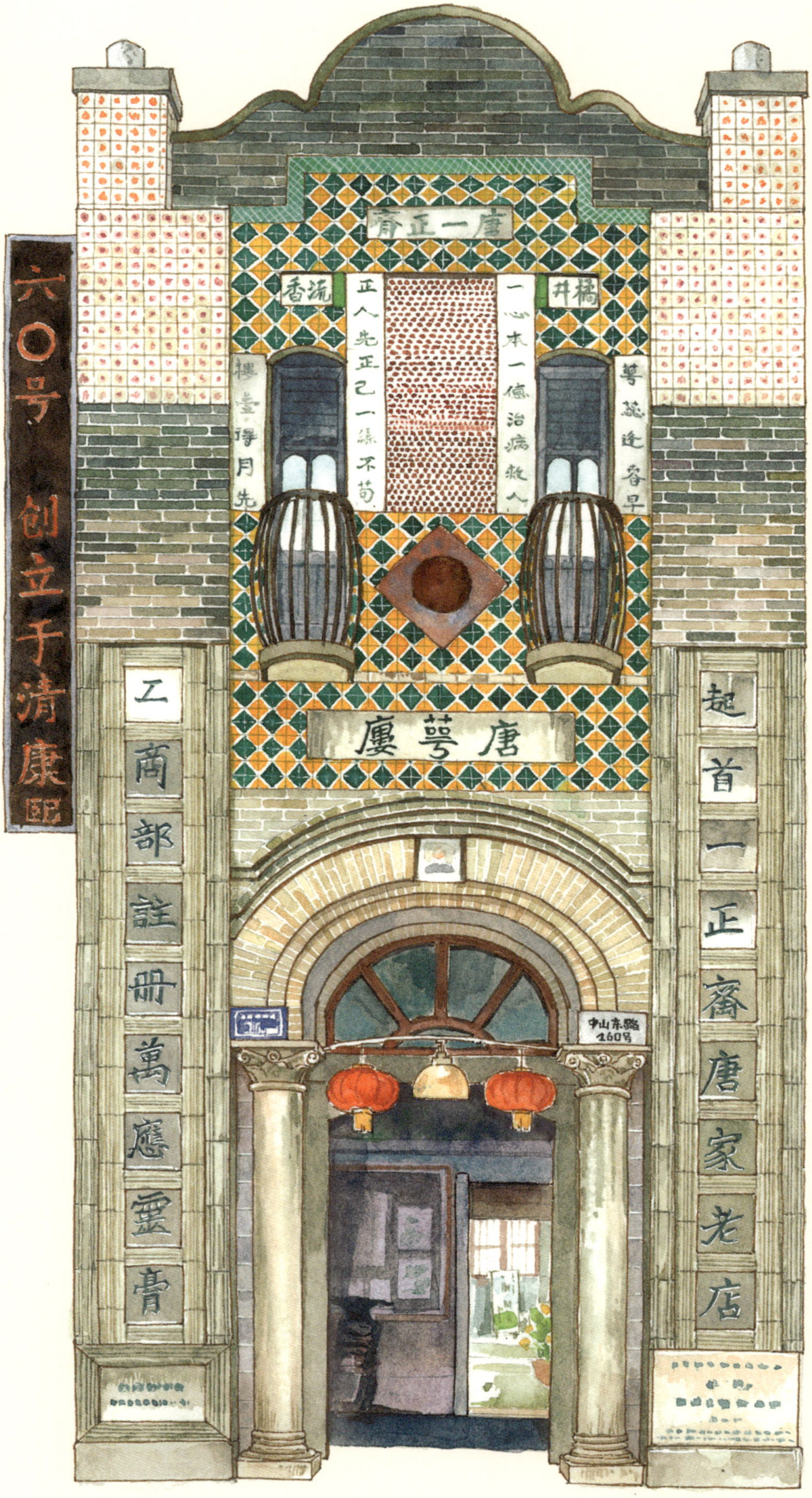
六〇号 创立于清康熙
正人先正己一絲不苟
一心本一德治病救人
工商部註冊萬應靈膏
起首一正齋唐家老店
中山东路 160号

镇江唐老一正斋

曾经的膏药传奇，最后的膏药世家

江苏省 镇江市京口区中山东路 160 号

唐老一正斋，创立于 1662 年，以制作一正膏药而闻名，一直传承至今。虽然它的建筑风格融合了中西元素，与现代的中山东路形成了鲜明对比，但若仔细观察，你会发现它的建筑之中蕴含了独特的智慧。唐家人的经营心得不言而喻，就藏在这些大字之间。

二层对联：“一心本一德治病救人，正人先正己一丝不苟。”

一层对联：“起首一正斋唐家老店，工商部注册万应灵膏。”

这两副由镇江本地书法家李宗海先生所书的对联，道出了一正斋的买卖规矩，“一心一德，正人正己”，概括起来正是它的大名——“一正”。

以唐萼楼先生肖像注册的商标，中国最早的肖像商标。

超群绝伦的掌门人——唐萼楼先生

唐萼楼，一正斋第八代传人，主持大局达五十四个春秋，道德高尚，享誉镇江。他的医德和善行为人所尊敬，为镇江名人。在他掌门的时代，一正斋不仅注册了“唐家老一正斋”商号，还对店面进行了大规模的翻新，使其焕然一新。在民国十九年（1930 年），唐萼楼的儿子们以他的肖像为基础注册了一正斋的商标。

筋骨疼痛，对症下药

一正膏配方独特且复杂，需要麝香、木香、乳香等近 80 味中草药，主要治疗筋骨疼痛，比如颈椎病、腰椎病等由于骨质增生、骨关节炎引起的病症，效果很好。此外，还具有舒筋活血、祛风止痛、化痞除瘀、消散顺气的功效，时人称为“秘制万应灵膏”，名气很大。

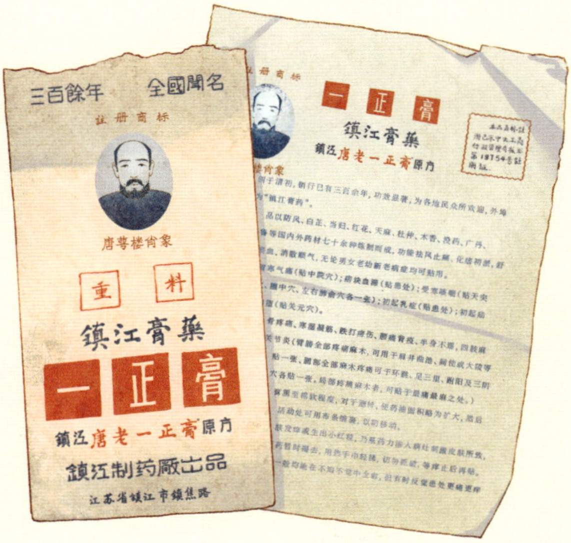

名人送匾，“橘井流香”

康熙五十年，陈鹏年患有筋骨疼痛之症，他想起前些年治理黄河水患时期给河工们用过一正膏，便自己也贴了一剂，使用时还闻到独特的膏药芬芳。一正膏果然有用，他的病症好转了。于是，他便写下“橘井流香”的横匾赠予一正斋。

“橘井流香”原为“橘井流芳”，以表彰医药高深。陈鹏年治病时嗅到一正膏的浓郁药香，改“芳”为“香”，创“橘井流香”。

起“奉宪勒石永禁”石碑

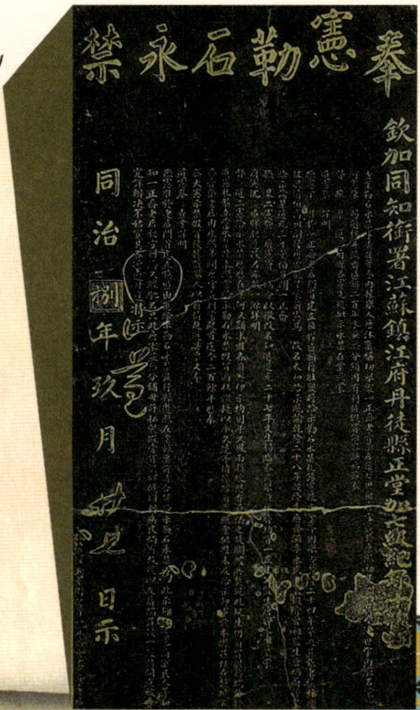

中华打假第一碑

一正膏在疗效上享有盛誉，但仿冒者众多，损害了唐氏信誉。唐家人虽努力打假，但无法根除。同治八年，经过各级官署衙门的批准，一正斋在店门口立起了“奉宪勒石永禁”的石碑，明确规定只有从唐老一正斋出去的一正膏才是正宗的一正膏。这块石碑已经存在一百五十余年，被誉为“中国打假第一碑”，不仅强化了人们维护正品，拒绝假冒伪劣的态度，也为后来的打假历史提供了宝贵的借鉴。

1662年

唐老一正斋创建，最初名为“奕争斋”，药名“益症膏”。

1723年

雍正元年，为避圣讳，正式改名“一正斋”。后来，人们便加上“唐”“老”二字，成为“唐一正斋”或“老一正斋”。

1760年

乾隆二十五年，探花、大书法家王文治为唐一正斋题字，也就是现在门楼上端厚清秀的“唐一正斋”。

1871年

同治十年，江南大主考王纹绾赐“济世利人”匾；同年苏松常镇布政使兼兵备道勒方锜赐“香芬玉釜”匾。

1956年

一正斋公私合营，并入镇江中成药厂，后将产品更名为“镇江膏药”至今。

江苏省镇江市京口区
中山东路 160 号

创建时间 1662 年

营业时间 9:00—17:30

提　　示 如今，一正斋旧址内膏药售卖不多，想体验膏药的朋友可以网上购买。

1982年

一正斋旧址由市政府公布为市级文保单位，较少制药，主要是供游客参观体验。

谢馥春

香自天然 馥郁东方

江苏省 扬州市广陵区东关街381号

古语云“自古扬州出美女”，却鲜少人知这句话的来历。这里的“出”并不是讲天然产出，而是指“经修饰得出”。“苏州胭脂扬州粉”，扬州除了山水之美外，其历史悠久的美妆同样增色。谢馥春老店位于国庆路，自道光年间起，已有近二百年历史，被誉为“化妆品行业的鼻祖”。它曾以一套“香、粉、油”系列美妆产品，在万国博览会上震惊世界。

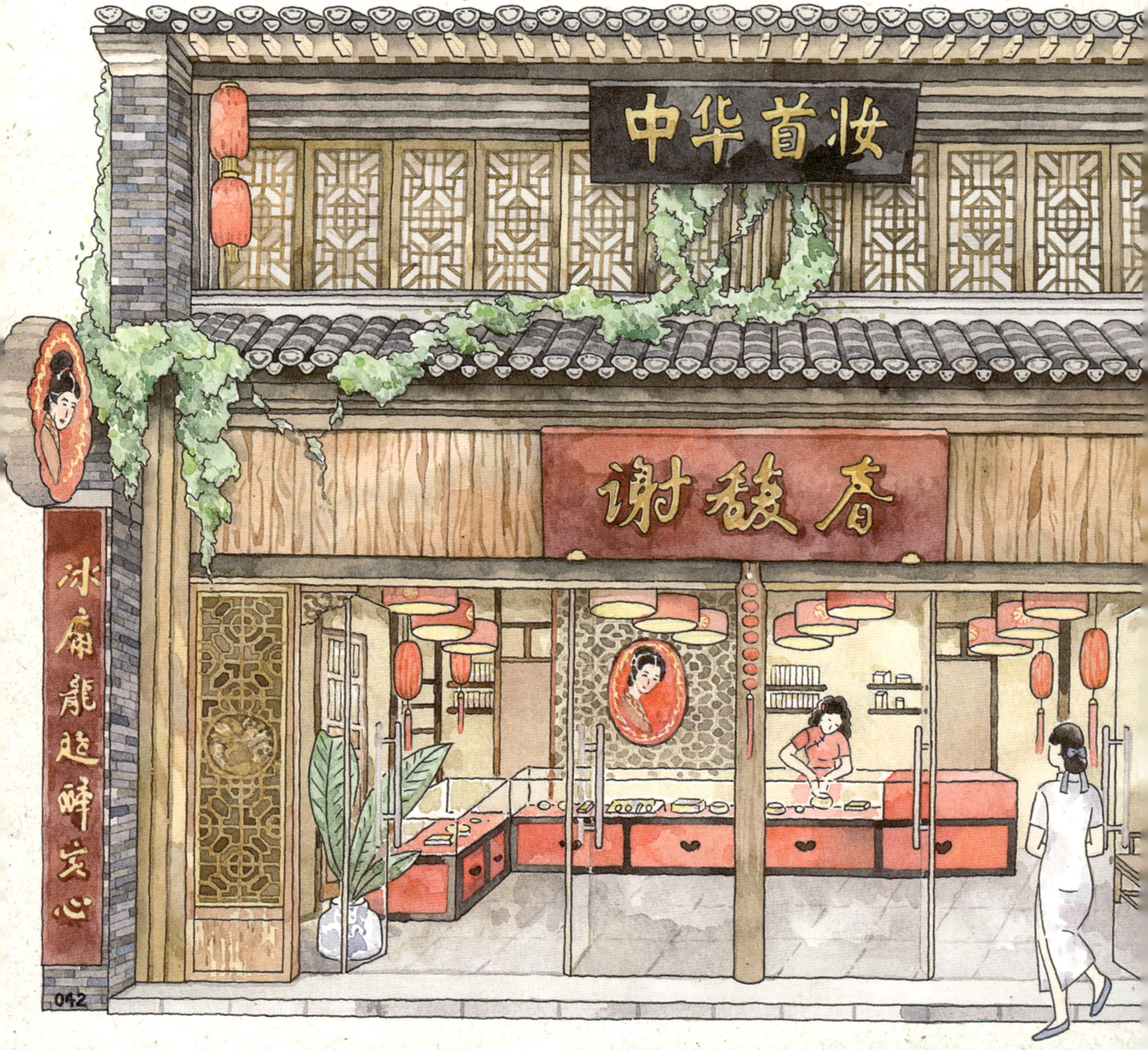

百年兴衰谢“复”春

谢馥春的创始人谢宏业，最初只是一家药材铺的伙计。他常常看到人们购买药材，做成香粉，这激发了他的灵感，于道光十年（1830 年）开了自己的香粉铺，成了老板。店名以他的姓氏命名，但“谢”字似乎带有凋零的寓意，不太吉利。于是，他巧妙地加入了“馥春”二字，意味着凋零后再次绽放，同时传达了化妆品的神奇功效。

如今，位于扬州国庆路的馥园，是谢氏家族回归扬州老店旧址后兴建的。园内包括谢氏老宅、园林和粉妆坊，典型的前店后坊式经营模式，保存了制作化妆品的历史工具。馥园展现了江南风味的慵懒与细致，充满了文化氛围。

古朴典雅的木质建筑，翠绿的植被，四季不同的景色，以及百年来传承下来的文化氛围，让馥园成为一个宁静而美丽的处所。园内三株百岁牡丹盛开，加上桂树、晚樱、小池、假山，以及鱼儿在水中嬉戏，让这个地方充满了生机和活力。

谢馥香·香粉油

谢馥春的招牌产品包括香件、鸭蛋香粉和梳头油。早在1915年的巴拿马万国博览会上，他们以“香粉油”的独特组合获得大奖。谢馥春以纯天然原料为基础，制作过程复杂，略显“笨拙”，这也许是因为早期工业不发达时期人们为了追求美的创意，也是古人智慧的结晶。

香粉——鲜花熏染

鸭蛋香粉是曾经风靡上海滩的妙品，轻、红、白、香，曾有明星因没有鸭蛋香粉拒绝化妆的传闻。

把采下的鲜花用纸裹好，放置到粉中，三两花对应三斤粉。再包裹好，放于不见明火的木炭炉上，根据环境冷热干湿，以眼观、鼻嗅、手摸来判断需要熏制的时间。

梳头油——先露后窨

梳头油可以说是古时官宦人家女子的标配了，《红楼梦》中蒋玉菡酒令有云“女儿愁，无钱去买桂花油”。桂花头油是谢馥春梳头油的经典味道。谢馥春的头油不仅清香不黏，还具备治疗痱子等药效。

烧制后，油脂脱水和脱酸，冷却后晒于阳光下，经历夏季的日晒夜露。秋分后存放在背阴的缸内，需要经过一年的氧化，使油脂透明、无味，黏度降低，才能使用。

香件——冰麝定香

香件可以散发香味，有香囊、香膏、香包、香串、香牌等品种，男女老少、室内室外都可以佩戴使用。香水有前、中、后调，香件也一样，靠的就是冰麝定香技艺。

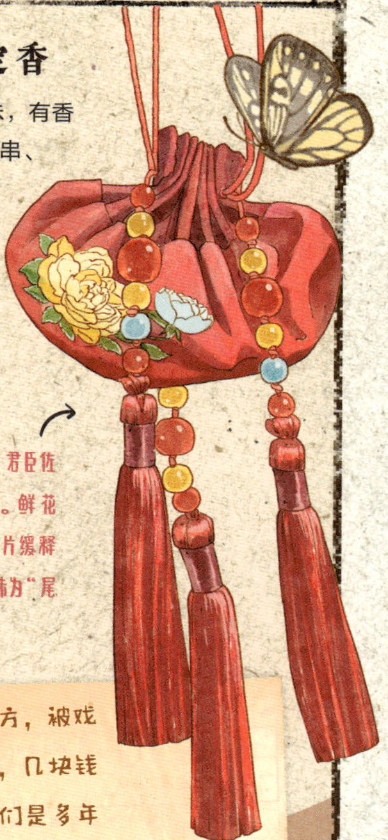

谢宏业根据中药理论“君臣佐使”，合理配比香粉。鲜花的本味是“头香”，冰片缓释成“中香”，麝香的余味为“尾香”，香尽即无。

这家店是唯一一家可以零买护肤品的地方，被戏称为“零拷”。老年人常拿着空瓶前来，几块钱可获得珍珠霜，数块钱得天然香水，它们是多年的陪伴，最能让他们安心。

观谢馥春老店，品谢馥春妆品。谢馥春犹如一位袅袅走来的扬州美女，不疾不徐，暗香盈袖。她从古代走到现代，袅娜的身姿随运河飘散到神州大地，温柔而又坚定。期待历经沧桑的谢馥春老铺能够用独有的香气再次弥漫这个时代。

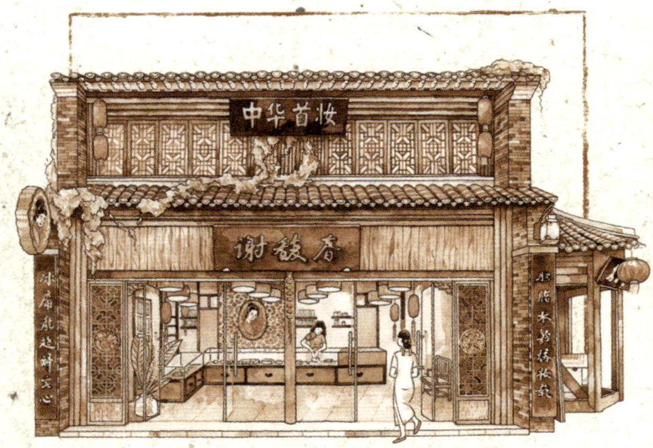

江苏省扬州市广陵区
东关街 381 号

创建时间 1830 年

营业时间 10:00—21:00

人均消费 136 元

提　　示 谢馥春的工厂旧址就在店铺附近，是始建于清代的小园林，可以参观一下。

1830年

谢宏业在扬州创办香粉铺“谢馥春”。

1853年

迫于战乱，谢馥春搬迁至江都市仙女庙经营。

1864年

谢馥春重回扬州。

1915年

谢馥春系列产品荣获巴拿马万国博览会大奖。

1956年

谢馥春与扬州十四家香粉铺合并，开始公私合营。

1991年

谢馥春的产品被作为国礼送予朝鲜领导人。

2006年

谢馥春被商务部评选为首批“中华老字号”。

2011年

谢馥春入选江苏省非物质文化遗产。

王一品斋笔庄

豪情皆付管城子，“湖颖四德”写春秋

浙江省 湖州市吴兴区红旗路97号

湖笔在文房四宝中独具盛名，而浙江省湖州市自古以来一直是中国毛笔的重要制造地。湖笔的繁荣离不开曾在此居住过的文化名家，包括颜真卿、苏轼和米芾等，他们深刻影响了湖州人对毛笔的热情。在众多湖笔制造商中，王一品斋笔庄堪称为历史悠久、工艺繁复、产品卓越的老字号，已有近三百年的传承。

天官牌 金榜题名笔工成“一品”

在乾隆年间，湖州的街头有一位姓王的笔工，以制笔技艺超群而著名。每当科考时，他都会精心挑选毛笔，随着考生们前往京城贩售。有一年，他为一名考生献上自制的毛笔，后来这名考生竟然中了状元。从此以后，大家亲切地称他为“王一品”。不久后，老笔工为自己的笔起名为“天官牌”，这个名称来源于《易经》中的“天官”，象征百官之首。

沙孟海题字

沙孟海是我国20世纪书坛的泰斗。曾经，王一品斋笔庄修复了沙老钟爱的一款羊毫笔。1981年，沙孟海在王一品斋笔庄创立240周年之际，题字相赠。

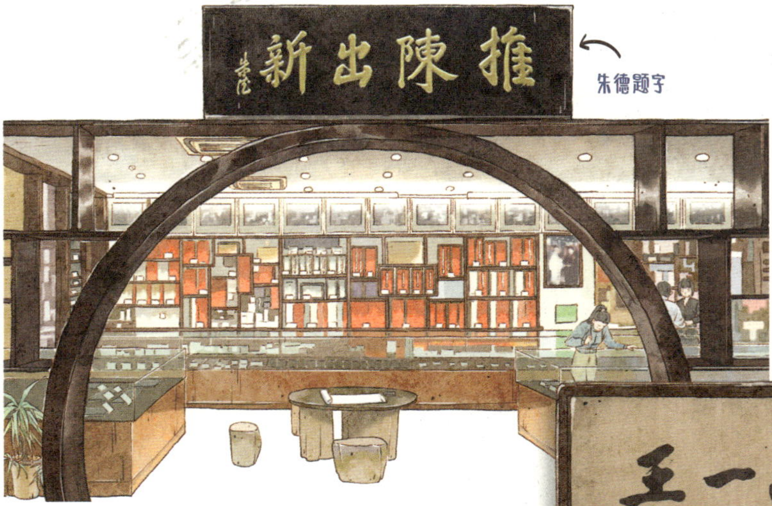

今天的王一品斋笔庄，矗立在吴兴区红旗路上，拥有一个六层的小楼。楼前的牌匾由郭沫若先生亲笔题写，左边的楹联指向了顶层的湖笔博物馆。一进门，你会看到一道圆形的拱门，这道拱门增添了一些空间感，门上悬挂着朱德将军题写的“推陈出新”四个大字。拱门上方的墙壁上挂满了书画名家的照片和题字，几百年来，这里积淀了无数文人的情感。四周一片笔海，各类毛笔陈列其中，档次高低不一，琳琅满目。

德韵兼备赢美名

唐宋时期，来自安徽的宣笔曾风靡一时，但自宋朝以后，湖笔逐渐崭露头角，至今无人能敌。制作一支湖笔需要经历 8 道大工序和 128 道小工序，无数匠人共同努力，倾注了无尽的心血和手工技艺，因此白居易才形容其“毫虽轻，功甚重”。王一品斋笔庄至今仍保留着这一古老的制笔工艺，它的湖笔制作技艺可以大致分为两个部分——水作和旱作。

水作

这一步骤的所有工序都需要在水里完成。将一块几毫米见方的毛皮浸入水中，把毛发一根一根地拔出来；然后根据长短、粗细、弯曲程度、圆扁等不同标准加以区分，一支 9 毫米直径的笔头，就需要 8000 多根毫毛，可谓“千万毛中选一毫”。

旱作

在旱作中，制笔师傅会用特殊工具处理毛笔的笔杆，以调整笔尖的硬度和弹性。将挑选好的毫毛，经“并、连、搭、裁”等 72 道工序，制作出笔头的锥形。

经由这些工序制成的湖笔，具备“齐尖圆健”的特点，文人墨客为这四个标准赋予一个文化韵味十足的称呼——“湖颖四德”。

潘天寿题字

健：书写绘画时笔锋有弹性，能显现笔力。

圆：笔头圆柱部分要饱满均匀，无开叉。

尖：笔尖要如锥状，利于勾勒细节。

齐：平铺笔尖毫毛，要整齐划一，吐墨均匀。

1994 年，在著名书法家启功先生的邀请下，王一品斋笔庄历时三个月，经过精细的工艺，使用羊毫包覆苎麻，多次试笔，成功研发出了失传千年的“麻毛笔”。这种笔在宋代已经失传，如今得以重新问世。

自秦将蒙恬和他的妻子卜香莲改良毛笔以来，毛笔在我国已有几千年的历史。对于那些热爱书写和绘画的人们，毛笔不仅是一种媒介，更是一种力量。无论是轻轻勾勾点点，还是气吞山河的龙飞凤舞，一支得心应手的好笔能够将人与笔融为一体，引领着我们探索大千世界，尽情抒发内心情感。在过去的两百多年里，王一品湖笔与众多书画名家共同创造了无数文化传承的珍品，这些珍品令人驻足欣赏，难以忘怀。

浙江省湖州市吴兴区红旗路 97 号

创建时间	1741 年
营业时间	8:00—21:00
人均消费	80 元
提　示	店内不仅可以买到心仪的毛笔，还可以做新生儿的胎毛笔。

1741年

湖州城内一位王姓老笔工创建王一品斋笔庄。

1956年

公私合营，多家笔庄合并统称为“王一品”，开启前店后坊式经营。

1961年

王一品斋笔庄创立 220 周年，郭沫若为其题写招牌。

1992年

从部队转业的许阿乔被任命为王一品斋笔庄的总经理。

1993年

王一品斋笔庄被授予“中华老字号”称号。

2009年

王一品斋笔庄获得中国工艺美术博览会金奖。

春和楼

岛城活历史 守望双甲子

山东省 青岛市市南区中山路 146 号

春和楼的“贵人”们

位于中山路 146 号的春和楼，如今已变成两层小楼，但建筑框架和位置与一百多年前仍然保持一致。来春和楼用餐，不仅代表了品位，更象征着身份。一百多年来，无数名人在此留下了足迹。

1891 年末，山东巡抚特地在胡家馆子摆宴席招待来此视察海防的李鸿章。李鸿章品尝后大加赞赏，使胡家馆子声名远扬。几年后，胡掌柜在天津路最繁华的商业区开设了春和饭庄。饭庄的名字“春和”取自范仲淹的《岳阳楼记》，寓意着新生与和谐。

老青岛人都听过这样一句话：“身穿谦祥益，头戴盛锡福，吃饭春和楼，看戏去中和。”其中提到的饭馆春和楼，被称为“鲁菜教科书”。1891年，青岛在李鸿章的奏请下正式设防，贸易逐渐兴盛。有一对胡姓夫妇专门给往来的渔民送饭食，后来索性开了青岛第一家饭馆——胡家馆子，这就是春和楼的前身，因此有了“先有春和楼，后有青岛港”的说法。

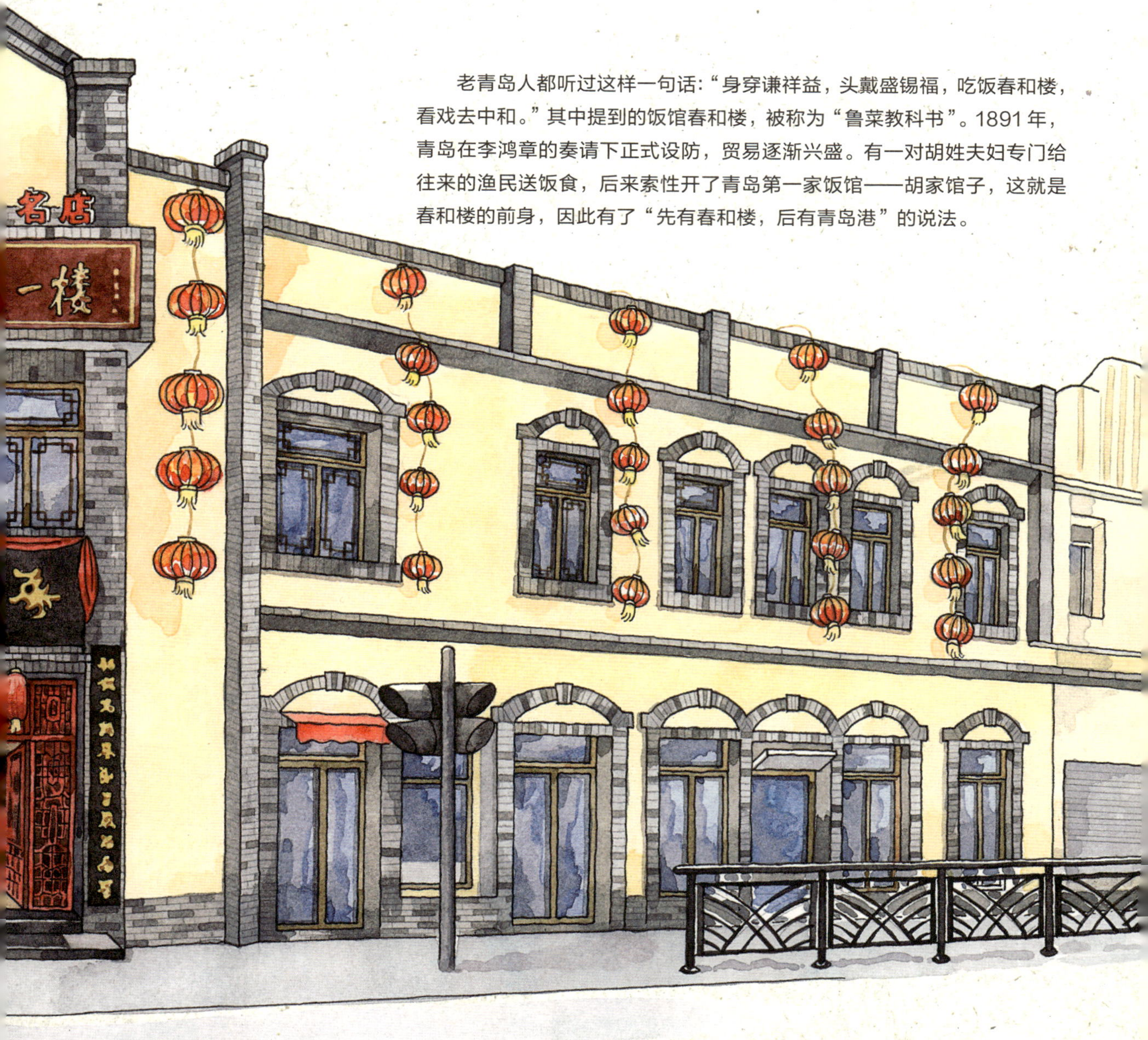

门口的店招由康有为亲手设计。据说康有为曾在一次家宴上提出一项挑战，要求春和楼的厨师不使用传统的烹饪方式，而要用创新的方法制作一道美味的加吉鱼。聪明的鲁菜大师将鱼用开水烫熟，再调制了美味的蘸汁，康有为品尝后赞不绝口，心服口服。

春和楼以独特的方式纪念这些有趣的历史，例如设立了维新厅，以纪念康有为就餐的地方，以及恩师厅用来纪念毛泽东的恩师徐特立曾经就餐的地方等。

店招出自
康有为之手

香酥鸡

来春和楼吃饭的“老青岛”几乎必点的佳肴。为了让这道香酥鸡更好地传承，春和楼曾有六代名厨为之倾力，从而让鸡肉的鲜味更上一层楼。

选用一斤半重的散养小公鸡，宰杀煨制，再上锅蒸，最后经过七成热的油炸，皮酥脆不油，鸡肉嫩而不柴。

春和楼蒸饺

山东的饺子可谓天下闻名，春和楼的蒸饺曾是国宴入选餐品。除了传统的牛肉馅，还有大虾、鱿鱼等多种海产品做馅，可谓靠海吃海。

一屉六枚，个小皮薄，汤汁涌动，一口下去满是咸鲜滋味。

扬鲁菜精神

鲁菜拥有两千多年的悠久历史，积淀深厚。孔子曾言：“食不厌精，脍不厌细。”这句话也为鲁菜赋予了儒家文化的精神内涵。然而，近年来，鲁菜似乎在争夺食客的竞争中不如川湘菜系那么火热。春和楼以其三道招牌菜品，为鲁菜重新赢得了食客的喜爱与关注。

作为鲁菜变迁的历史见证者，春和楼积极参与了鲁菜的创新和发展，独创了以青岛景观为主题的“十大风景菜”，这一创新被新加坡《美食家》杂志专题报道，开创了我国景观菜系的先河。

油爆海螺

这道菜不仅突出了鲁菜摆盘上的“礼”，也突出了春和楼厨师手艺的“精”。想当年，老师傅就是靠这道菜拿捏了中堂大人的胃。

半斤新鲜海螺，切成薄片，烹炒成艺术盛宴，鲜美至极。

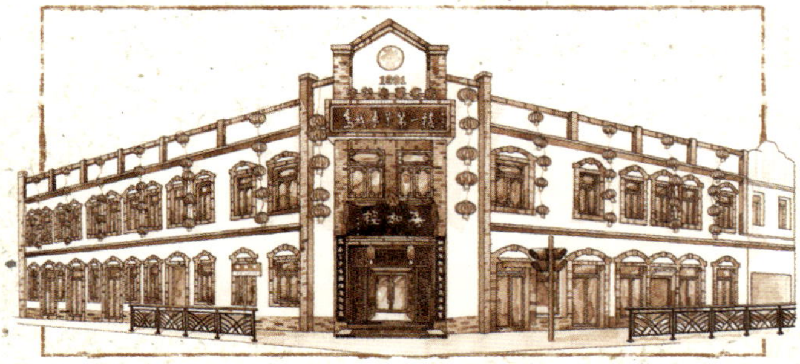

春和楼曾独领风骚，对鲁菜传承贡献巨大。今日，众多老字号搬迁，它仍守望在原址。或许因为鲁菜之魂深埋心底，或许是为了和城市的交相辉映，让它坚守在历史的港湾里，不愿离去。

1891 年

胡姓掌柜在青岛开了一家供往来渔民吃饭歇脚的胡家馆子。

1897 年

胡掌柜于天津路开设春和饭庄。

1933 年

几位合伙人共同出资将春和饭庄扩建为二层建筑，成为当时的“岛城第一楼”。

1956 年

春和饭庄正式更名为“春和楼”。

1981 年

春和楼扩建，成为青岛第一家有迎宾小姐的饭店。

1986 年

美国海军太平洋舰队总司令莱昂斯上将在春和楼举办答谢宴会。

1997 年

春和楼蒸饺被授予“中华名小吃”称号。

2015 年

春和楼香酥鸡被评为山东省级非物质文化遗产。

山东省青岛市市南区中山路 146 号

创建时间 1891 年

营业时间 10:00—22:00

人均消费 97 元

提　　示 春和楼菜量较大，请谨慎点单，不要浪费哦！

缸鸭狗

“良知”隔空接力 猪油汤团如故

浙江省 宁波市海曙区中山东路 188 号天一广场水晶街 68 号

宁波是中国汤圆的故乡，早在宋元年间，这道美味的甜点已经流传开来。提到宁波汤团，老宁波人脑海里第一个浮现的可能是那家有着奇怪名字的老店——缸鸭狗老店。

无论缸、鸭还是狗，似乎都与汤团毫无联系，但其实，这是店主的名字。就这样，缸鸭狗成为宁波汤团的代表。

缸、鸭、狗

来到位于天一广场的缸鸭狗总店，门口的铜像立刻吸引了人们的目光。一只憨态可掬的垂耳狗翘着尾巴，伸着舌头，爪子扒在装满汤团的缸边上，对面的鸭子则张开翅膀，奋力扒在缸壁上，好奇地探头往缸里张望。

“良知”传百年

店内最引人注目的是墙上的三个大字——致良知。这是现任缸鸭狗掌门人陈开河确立的经营理念，用良知经营这家百年品牌，同百年前江阿狗用母亲手做的汤团招待食客隔空呼应。

共享母亲牌汤团

缸鸭狗的创始人江定法，小名江阿狗，曾经在船上卖苦力，但想到独自在家的老娘无人奉养，决心回家乡开店，他用母亲手做的宁波汤团开启了创业之路。毕竟只有自己真正喜欢吃的东西，才有底气让别人品尝。开始只是沿街贩卖，后来生意红火便租下店面。宁波话里“江”被读为“缸”，他请一位秀才给自己书写店名，谐音里的小动物，足见江阿狗的可爱心性。

变与不变

缸鸭狗在 20 世纪 90 年代曾陷入艰难经营，险象环生。但陈开河接手后，他坚信：“不好的东西，改变只是水平；好的东西，不变才是水平。”为了守住这个百年老品牌的原汤团味道，他跋涉全国。

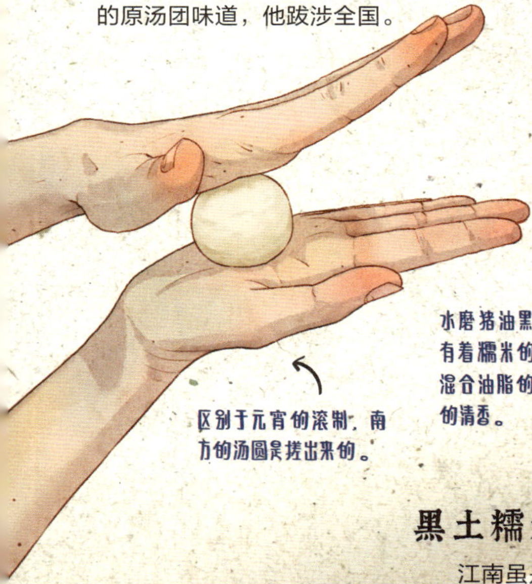

黑土糯米

江南虽是鱼米之乡，但糯米因生长周期短，油脂不足。陈开河在全国进行筛选，听说温州有香甜软糯的糯米，他驱车前往。后来发现产自黑龙江省五常市向阳镇的糯米品质更好，这也成为了他唯一的选择。

坚持水磨

纳米级磨粉设备磨出的粉末虽然极细，却无法呈现传统汤团独有的口感。陈开河在权衡利弊后，坚持保留传统水磨工艺，确保汤团在入口瞬间具有独特的爽滑和颗粒感。

蜀地板油

宁波汤团的制作离不开猪板油，但由于需求增加，一直采购的仙居猪肉供不应求。陈开河发现四川省遂宁市的散养黑猪普遍不喂工业饲料，需要十个月才能出栏，于是立刻与遂宁签订了长期合同。这些散养黑猪的板油雪白如凝脂，成为制作高品质汤团的不二之选。

缸鸭狗以经典和创新口味的汤团备受喜爱，成为食客的必访之地。“三更四更半夜头，要吃汤团缸鸭狗。一碗难满足，两碗三碗上瘾头。铜钿摸一摸，脱衫当押头。”这段俏皮的诗句生动地表达了宁波人对缸鸭狗的热情。时代在变，口味也在变，但有些东西永恒不变，比如缸鸭狗的水磨猪油黑芝麻汤团，以及坚守的“良知”。

浙江省宁波市海曙区中山东路188号天一广场水晶街68号

创建时间	1926年
营业时间	10:00—21:00
人均消费	53元
提　　示	一个人去吃可以点全家福，一次可以吃到三种经典口味。

1926年

江定法在宁波城隍庙摆摊卖汤团。

1992年

缸鸭狗店面扩大至1200平方米。

1993年

缸鸭狗被贸易部授予“中华老字号”称号。

1997年

缸鸭狗汤团被中国烹饪协会评为“中华名小吃”。

2007年

因旧城改造，缸鸭狗从城隍庙迁出，店面缩小至100平方米。

2009年

陈开河接手缸鸭狗，成为掌门人。

2012年

缸鸭狗的“宁波汤圆制作技艺”入选浙江省非物质文化遗产名录。

2019年

缸鸭狗以8000多万销售额成为宁波汤圆第一品牌。

贾三包子

遥争汉堡三分鼎，独创清真第一笼

陕西省 西安市莲湖区回民街北院门 93 号

包子，似乎是小本生意的代表，在街头巷尾都有小巧的包子铺。但有一个家族却将包子这种小吃发展成了一项百年事业，使其在西安市得以产业化经营，如同国际知名的汉堡连锁店一般。有人甚至说，来到西安，找到贾三灌汤包子铺，才算真正品尝到了正宗的西安小吃。

侧边的楹联由知名作家贾平凹题写，其中写道：“千般妙味使人留连坊上，一种小吃让你记住西安。”这句话读起来令人向往，不禁让人想要前去品味。

贾平凹甚至为了吸引人们，特地创作了一篇散文《朋友贾三》，并将其制成书法作品。这篇作品被刻在一块木质屏风上，摆放在入口大堂，为这里增添了一派文学氛围。

贾三包子常吃常想　二〇〇五年　华君武

此外，大厅和楼梯处遍布名人手迹，尤其是漫画家华君武的墨迹，朴实可爱的笔触令人难以忘怀。

攻其一点，味溢醇香

包子虽小，门道不少。贾三灌汤包子用料讲究，工艺高超，其中不得不提到的便是其绝妙的蒸笼设计。

中华果木蒸笼

灌汤包的馅儿是精选的牛羊肋条肉，汤汁为多番熬煮的牛羊骨髓汤，只为口感的“清”与“醇”。

为了让食客们更好地品尝美味，贾三还曾亲自讲授吃汤包的手法：

1. 夹住包子收口处，轻摇上提。
2. 戳个小洞，接住汤汁，一饮而尽。
3. 蘸汁入口，慢慢品尝。

这个家族已经传承了上百年，延续的不仅仅是面点制作的手艺，还有回民商业传统的“谨勤和”三字箴言。“谨”代表着严格要求，“勤”象征着勤奋辛劳，而“和”则代表着谦逊和平。

1625年

明朝时，贾家先祖贾继祖从南京迁居至西安回坊，几代人经营馍庄、面坊，形成了祖祖辈辈专研面点手艺的家风传统。

1903年

贾家于清末兴隆，涉足多个行业，创立了馍庄、净浴、粮行、醋坊三角四铺的商业格局，有“贾门四红”的美誉。

1934年

民国时期，贾家承字辈、纯字辈的后人用心经营，增创面食品类，除了包子，还发展出了菊花大饼、油酥馍、坨坨馍等面点，打响了“贾家包子”的名号，成为西安知名的面点品牌。

西安贾三灌汤包子馆

第五批国家级非物质文化遗产代表性项目保护单位

陕西省西安市莲湖区回民街北院门93号

创建时间 1884年

营业时间 8:00—23:00

人均消费 23元

提　　示 记得点一杯酸梅汤解腻哦！

1986年

贾三，原名贾志亮，是老贾家的当代传人。他潜心专研和改进，吸取南北各地清真小吃的优点，研制出了新一代贾三灌汤包子，于1986年开业，享誉海内外。

西安饭庄

承大唐遗风，开陕菜新路

陕西省 西安市碑林区东大街298号

陕菜的历史可以追溯到西周，发展于秦汉，而在隋唐时期达到了鼎盛，一直以来都以“中华美食祖根”的美誉自居。品尝陕菜就像是用舌尖穿越千年历史的时光隧道。一家老字号，就像是一座陕西饮食博物馆，屹立不倒。它传承古今陕菜的精髓，不断吸取新的元素，与时俱进，让这个古老的菜系焕发出新的生机。

跨越时间的大楼

在近百年的历史中，西安饭庄的总店门面数次改变。1977 年，一座高 6 层、占地 8000 多平方米的西安饭庄楼建成，在当时堪称气派。这座高楼曾与周总理有着特殊的故事。

抗日战争时期，西安事变爆发，为了和平解决事变，周恩来首次光顾西安饭庄，设下了一场名为“和平宴”的盛宴，招待了张学良、杨虎城等人以及各界爱国人士。这次宴会最终推动了国共两党的再次合作，实现了全国上下的团结抗日。周恩来后来多次在西安饭庄设宴，招待海外来宾，表现出对饭庄的高度认可。

在周总理的关怀下，西安饭庄展开了一次重建工程。然而，楼还未完工，周总理却突然离世。为了告慰周总理的英灵，所有参与建设的人员齐心协力，提前一个月完成了工程，新的饭庄大楼迎来了新生。2021 年，这座老楼再次进行了翻新，虽然时光已经在上面刻下了岁月的痕迹，但每当人们望向这里，或许依旧会受到感动。

经久不改的店名

店名由文坛泰斗郭沫若题写，潇洒飘逸，一直沿用至今。这四个字写于周总理逝世后，饭店经理和书记拜托副市长写信给郭大师，求其为这个周总理生前关心过的工程题名，而郭老多年前也曾在饭庄尝过酒。时光飞逝，物是人非，一晃二十年，郭老最终慨然应许。

舌尖上的大唐

唐朝是历史上最为繁盛的朝代之一，人们喜欢举行丰盛热闹的宴会，如著名的“烧尾宴”和“曲江宴”。这些宴会上创制了许多名菜佳肴，而唐朝的饮酒之风也十分盛行。

菜肴分为三个档次：高档是宫廷宴席用的菜肴，中档供应一般官员的日常食用，低档则适合市民日常食用。西安饭庄深入挖掘，传承和恢复了曾经在大唐时期享有盛誉的名菜、点心和宴席，重新呈现了大唐时期的美食文化。所以，来西安饭庄吃个饭便能感受一回千年前的宴会氛围！

驼蹄羹——片瓯值千金

这道羹汤是用骆驼蹄掌精心烹制而成，是唐玄宗常常用来款待臣下的珍馐之味，据说一碗驼蹄羹的价值相当于千金。

杜甫诗句“劝客驼蹄羹，霜橙压香橘”便是描写皇宫宴客时，请对方品尝这道宫廷佳肴的。

这样做出的鸡不仅味道好，形状也好看，韦陟这才满意，并取名“葫芦鸡”。

葫芦鸡——长安第一味

在唐代宗时，韦陟让厨师做鸡。第一个厨师煮炸鸡，不好吃；第二个厨师先煮后蒸，鸡嫩但脱骨，韦陟怀疑厨师偷吃；第三个厨师吸取经验，他将鸡先捆起来，然后先煮后蒸，再油炸。

黄桂稠酒——月照金樽里

提到了下酒菜，我们再说一种酒。它曾被郭沫若赞叹：“不像酒，胜似酒。”它便是西安特色的黄桂稠酒。

相传当年杨贵妃醉酒，喝的就是西安稠酒，故还称“贵妃稠酒”。这实在是再好不过的宣传了。

观西安饭庄，只觉得它虽不年轻，却丰富多彩，又富有活力。就像一位“活到老，学到老”的老人家，不断学习进取，以全新的姿态拥抱新时代，一如它身后那古老的陕菜和西安。

1929年

当时，老板冯克昌还是一家餐馆的服务员，但在各界社会名流的推荐和帮助下，他还是勇敢地迈出了这一步——在西大街，成立一家以“陕菜正宗、陕西风味小吃大全”为招牌菜的饭馆，取名“西安饭店”。

1958年

饭店生意火爆，于是开始扩大经营，地址也从西大街搬去了东大街，规模大到可以容纳三百人就餐。同时，改“西安饭店”为“西安饭庄”。当时甚至还有“东钟西鼓，青龙白虎，香菜热汤，西安饭庄”的歌谣流传开来，足见名气之大。

1977年

1973年，在周总理的关怀下，饭店开始重建。1977年，在社会各界的共同努力下，最终建成了在当时堪称豪华的老西安饭庄大楼，郭沫若亲自题写了“西安饭庄”四字店名。

陕西省首批非物质文化遗产名录保护单位

陕西省西安市碑林区东大街298号

创建时间	1929年
营业时间	11:00—14:00，17:00—21:00
人均消费	145元
提　　示	西安饭庄总店在东大街，比较高档，适合宴客。店内有新修的陕西饮食博物馆，吃完饭还可以顺便观展。如果是平日尝鲜，则可以选择钟楼分店。

2021年

西安饭庄作为知名品牌，分店遍布。总店经翻新后，增设餐饮文化会客厅和陕菜文化体验馆，转型为集餐饮、住宿、娱乐、旅游于一体的综合酒店。

北京同仁堂

同修仁德，济世养生；昔日皇家御用，今日布衣贵族

北京市 西城区大栅栏街 24 号

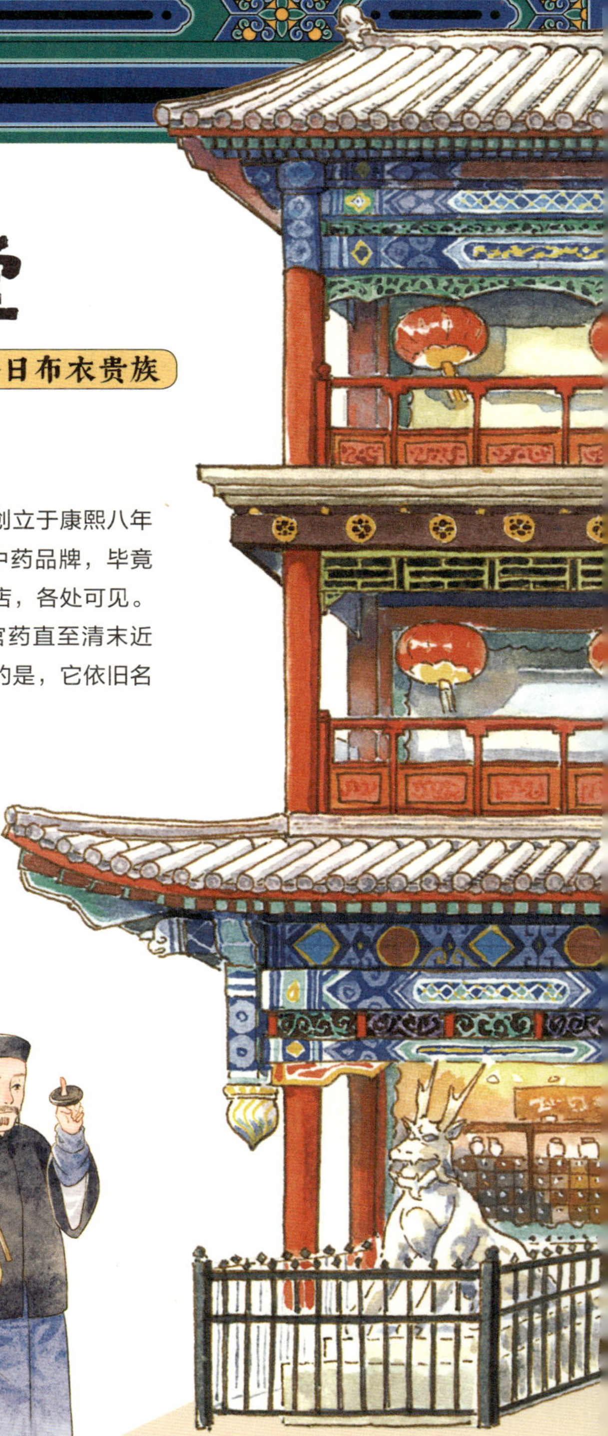

中医、中药乃中华民族之瑰宝。在中医药史上，创立于康熙八年（1669 年）的北京同仁堂应该算得上最深入民心的中药品牌，毕竟它在全国有着如同自己发展年头一样多的三百多家分店，各处可见。历史上，北京同仁堂曾被钦定为清宫御药房，独办官药直至清末近二百年，可谓风光无限！虽曾遭遇多次重创，但庆幸的是，它依旧名声斐然，未流失于历史，成为我国重要的中药品牌。

手摇串铃 得名同仁

明朝永乐年间，祖辈行医的乐氏一家从宁波举家迁至北京，来京后仍操旧业，手摇串铃，走街串巷，行医卖药，被称为“铃医”。乐氏医术精湛，第四代乐显扬便出任了清皇宫太医院的吏目直到康熙八年。后来，他辞官回家，自开药室，以为“‘同仁’二字可以命堂名，吾喜其公而雅，需志之”，便为其取名“同仁堂”，发展至今。

“铃医”手摇串铃，走街串巷，行医卖药。

“皇城根儿下”的华丽药铺

北京同仁堂红红火火，极具京味儿的建筑外观总能让我们一眼识别出来，可谓是“皇城根儿下”最华丽的药铺。

和玺彩画装饰

和玺彩画出现在明末清初，是清代最高等级的一类彩画，重要特征是段落部分的线段呈“WW”形（注：竖着看）。北京同仁堂采用的便是和玺彩画，有传统的龙凤纹样，也有如菊花等药材纹样，这也是它的重要标志。全国各地的同仁堂分店无论是否筑起高楼，都印有和玺彩画，让人一眼就能看到。

传统木式建筑

位于北京市西城区的总店，是三层传统木式建筑，门头下有两对垂花柱，装隔扇门，并饰以华美的彩画。

炮制虽繁必不敢省人工
品味虽贵必不敢减物力

网上搜北京同仁堂，常见“贵”字标签。然而，别急着说它“宰客”，看看它的古训：“炮制虽繁必不敢省人工，品味虽贵必不敢减物力。”不仅保证药材品质，还顾及繁复工艺与人力成本，或许这才是定价之道。

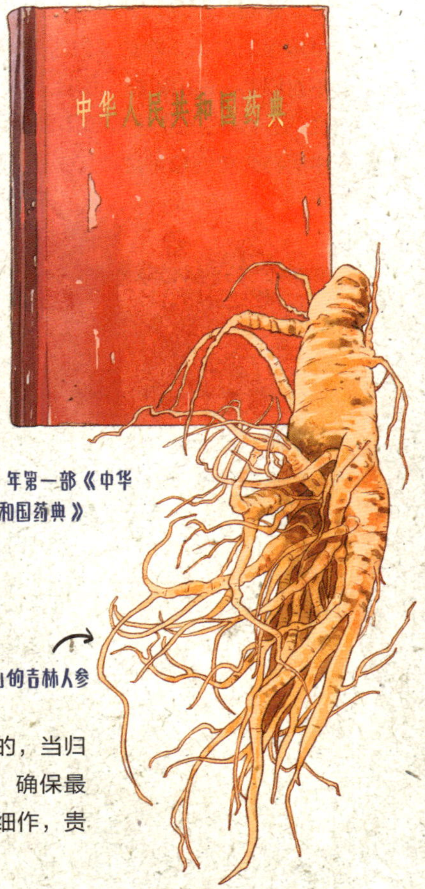

1977 年第一部《中华人民共和国药典》

吉林长白山的吉林人参

配方独特

除了药材，配方是创立中药门户的关键。北京同仁堂自成立起便极重视配方，早有《乐氏世代祖传丸散膏丹引配方》，收录古方、宫廷秘方、家传秘方、历代秘方等 362 种。后来，又修订为《同仁堂传统配本》，增配方至 495 种。家族传人中更有制药高手，第十三代传人乐崇熙就是医学泰斗，1977 年编写了第一部《中华人民共和国药典》。

选料上乘，工艺精湛

因着古训，同仁堂的制药原料要求地道纯正，比如大黄要用青海西宁产的，当归要用甘肃岷县的，人参得用吉林长白山长的吉林人参，“采其地、用其时”，确保最佳功效。有方有料，炮制和加工更显其真功夫。北京同仁堂要求严格，精工细作，贵重的丸药往往需要六七十道工序，万万不敢省略一步。

最负盛名的安宫牛黄丸

北京同仁堂有三大“救命药”——安宫牛黄丸、紫雪丹和至宝丹，其中，安宫牛黄丸最负盛名，有“救急症于即时，挽垂危于顷刻”的美名，不少人家中常备。

麝香

天然牛黄

蜂蜜

制粉 挑选天然牛黄、麝香等药材，洗净除菌，研碎成细粉。

混合 细粉过筛，混合适量炼好的蜂蜜，制成药坨。

制丸 将药坨制成长条，搓至均匀放于搓板上，切开药条，再搓成药丸。

包衣 在药丸外裹上可食用的中药材金箔，一来包衣，二来也有静心安神的功效。

蜡封 将药丸装入蜡壳，蘸蜡密封。最后，盖上同仁堂金戳，药丸便制成。

20 世纪 90 年代的安宫牛黄丸

不过，由于安宫牛黄丸声名过盛，不少人将其视为保健品，更有说法称可以在惊蛰、夏至、霜降、冬至这四个节气吃安宫牛黄丸，实为不妥。“是药三分毒”，不论其疗效如何，必遵照医嘱，万不可随意用之。

回过头看，在这几百年的历史中，北京同仁堂有过异常艰难的时刻，险些成为历史遗珠。庆幸的是，后辈不甘陨落，东山再起，发展为如今的国民老品牌。可以说，北京同仁堂的发展是中医药发展脉络的见证，也是中医药必将继续灿烂前行的信心！

北京市西城区大栅栏街 24 号

创建时间	1669 年
营业时间	8:00—20:00
人均消费	不定
提　　示	北京同仁堂总店二楼还可以参观各种珍稀药材哦！

1669年

明朝永乐年间，乐家先祖乐良才携全家老少来到北京，走街串巷、行医卖药。清康熙八年，乐家第四代传人乐显扬在清宫太医院任职，收集各种药方，后创建同仁堂。

1723年

恪守“炮制虽繁必不敢省人工，品味虽贵必不敢减物力”的古训，开始供奉宫廷御药，而后历经八代皇帝，共 188 年之久。

1937年

抗日战争爆发，同仁堂举步维艰，濒临破产。但同仁堂仍然坚决维护民族利益，抵制日本商人的控制，后来更是力压日本“仁药”，研制出“六神丸”，成为轰动一时的名药。

1979 年

借着改革开放的东风，同仁堂积极进取，转变身份，后成立中国北京同仁堂集团公司，实行现代化企业管理制度。同时，同仁堂也不断寻求海外发展，在国际上广受认可。

2006年

被商务部认定为首批“中华老字号”，同仁堂中医药文化、传统中药材炮制技艺、安宫牛黄丸制作技艺也被列入第一批国家级非物质文化遗产名录。

陈麻婆豆腐

"一道民间豆腐菜，风光无限逾百载"

四川省 成都市青羊区东华门街51号

百年前，麻婆豆腐的魅力就在成都迅速传播，由陈麻婆创制的这道川菜成了名副其实的成都美食代表。然而，这家老字号的发展历程并非一帆风顺，它在百年中经历了多次挫折与重生，才得以焕发新生。

在清朝同治初年，成都北郊的万福桥，一家名为“陈兴盛饭铺”的小店开业，最初只提供普通的饭菜。然而，这家小店很快创造出了麻婆豆腐这道招牌菜，从此名声大噪，于是决定更名为“陈麻婆豆腐店”。尽管当时位于郊区，但这家店门庭若市，显示了人们对它的热爱。随后，陈麻婆豆腐店迁至成都市中心的西玉龙街，并逐渐在成都和北京等地开设了多家分店。

然而，在生意蒸蒸日上之际，一场突如其来的意外打破了宁静。2005 年 6 月 14 日，陈麻婆豆腐的总店遭遇了一场猛烈的火灾。由于店铺年久失修，烈火迅速蔓延，将店铺几乎夷为平地，只剩下一堆残垣断壁和标志性的招牌，仿佛还带着一丝希望。但正所谓“大难不死，必有后福”，百年老店虽然历经火劫，却也因此排除了隐患。新修复的总店不仅弥合了消防安全上的漏洞，而且依然以其正宗的烹饪技艺吸引着无数食客，继续火爆经营！

解密麻婆豆腐

陈麻婆豆腐店之所以能百年兴盛，关键在于其正宗的麻婆豆腐制作技艺。首先，热油于锅中，加入牛肉末和豆瓣酱，翻炒出浓郁的香气；接着，调入各种调料和高汤，将切块的豆腐轻置其中，小火慢炖入味；最后，巧手勾芡、浓缩汤汁，豆腐满溢着美味，红油飘香，撒上一把花椒末，即刻出锅。

麻

豆腐起锅装盘时，撒上适量花椒末，麻味醇正。

辣

使用大红袍油椒，一部分剁碎做豆酱，一部分炼制成“熟油海椒”，辣中带香。

烫

用热油浸泡，久久难以冷却，烫得张口。

香

豆腐、牛肉及各种佐料烹制后散发出一股扑鼻的香气。

酥

牛肉酥香，不绵不硬，不粘牙齿。

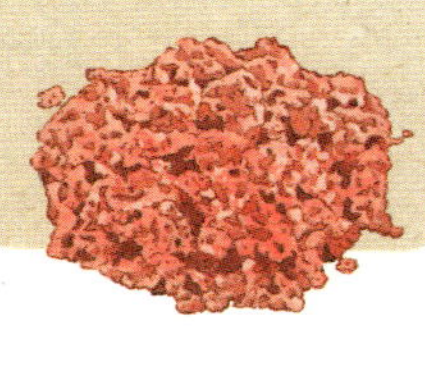

嫩

白嫩的豆腐，不散不烂，入口即化。

鲜

白的豆腐、绿的葱、红的油，鲜香得恰到好处。

活

装盘时，放入蒜苗，根根直立，如同新摘，入口却香脆嫩滑。

麻婆豆腐的一生，宛如一部励志传奇，从那市井街头的平凡美食，逐渐蜕变成川菜桌上的不朽之作。而陈麻婆豆腐这家古老的店铺，亦如同一棵茁壮的参天古树，在岁月的雕琢下，愈加繁茂兴旺，名声传遍四海八荒。

1862年

老板陈兴盛在成都北郊的万福桥开设陈兴盛饭铺，由妻子掌厨。后生意日渐兴隆，改店名为“陈麻婆豆腐”。

1953年

迁至市中心的西玉龙街，店面扩大，全新装饰。后来生意蒸蒸日上，在多地开设分店，将麻婆豆腐的烹饪技艺传到全国各地。

1988年

陈麻婆豆腐店烹饪师来到日本，参加国际博览会，一展麻婆豆腐等菜品烹饪技艺，获赞“中国国粹”“人间仙品”，在国际上引起轰动。

2005年

总店发生火灾，后重振旗鼓，如今已成为有口皆碑的中华老字号。

四川省省级非物质文化遗产

四川省成都市青羊区东华门街51号

创建时间	1862年
营业时间	11:00—21:00
人均消费	45元
提　示	除了麻婆豆腐，这里的宫保鸡丁、夫妻肺片和毛血旺也非常不错！

火宫殿

湖南省 长沙市天心区坡子街127号

长沙火宫殿

殿中有庙，庙中有戏，戏外有食

清朝与民国时期，长沙城遍布着青砖黛瓦的砖木建筑，一旦发生火灾，后患无穷。人们为了抵御此祸，纷纷兴建火神庙，而最为著名的莫过于坡子街的火宫殿。在这神圣之地，人们崇敬神话中的火神祝融，单纯地敬奉已无法满足神祇，因此庙会文化便应运而生。这里，你能目睹各种民俗庙会活动，听说书、观戏曲，尽情享受着火宫殿的独特魅力。繁荣之余，也吸引了摊贩，形成了一片小吃的独特聚集地。

然而，1938年的“文夕大火”席卷而过，火宫殿几乎被夷为平地，仅存古牌楼矗立于废墟之上。不过，2001年，在市政府的鼎力支持下，这座古老的宫殿终于得以修复。

螭吻守瓶

主楼高耸，顶端的宝瓶和两侧的神兽为庙宇添上了神秘氛围。这些神兽，龙首鱼身，即螭吻，传说它能吞噬万物，因此被委以看护建筑横脊的重要职责。同时，螭吻也被视为祈雨和避火的护佑之神，为庙宇增色不少。

貔貅辟邪

两侧的边楼上有两只威猛的貔貅，据传它们能招财辟邪，为庙宇增添了祥瑞的气息。

群龙戏珠

题有“火宫殿”三字的牌匾处，两侧有金龙盘云而上，顶部一只金龙探首而出。底部则是一颗龙珠，象征着吉祥平安，传说中还有避水火的功效，群龙似乎在围绕着它嬉戏。

精彩绝伦的庙会

火宫殿的庙宇于农历六月二十三日竣工，这一天成为火神的生日，因此人们举行盛大的祭祀仪式，献上香烛和供礼，祈愿祥和平安。庙会上充满欢乐，举办各种热闹的活动。如今，火宫殿传统文化得以传承，并且定期举办庙会，以弘扬这一独特的文化。

几缕香烟献神明

庙会的核心活动是对火神的祭拜。参观者来到火神庙主殿，内有火神坐像，虔诚地献上香烟，祈求火神的保佑和平安。在离开前，不妨顺便游览一下火神庙两侧的财神庙和观音阁，也一并祭拜，祈求财运亨通和全家平安。

舞龙舞狮来助兴

庙会期间，中国传统的舞龙和舞狮表演也是一大亮点。舞龙寓意祈求风调雨顺，而舞狮则代表着驱魔辟邪。庙会上，舞龙和舞狮的队伍会从庙宇一直延伸到坡子街，为前来参加庙会的人们带来喜庆和热闹的氛围。

民间艺术百花放

除了可以看戏，火宫殿还是一个民间艺术表演的大舞台。茶馆里有长沙弹词、评书、皮影戏、木偶戏等；手工艺摊位有古玩、剪纸、棕编、捏面人、做糖画、吹糖人等；除此之外，还有猜灯谜、看花灯等活动。在这里，你可以沉浸式地体会到湖湘民俗文化的魅力。

长沙弹词

弹唱者弹奏怀中月琴，以长沙方言腔调进行弹唱。

一曲熏风花鼓戏

2002—2004年，火宫殿再次进行扩建，恢复了毁于大火的古戏台。日常戏台会开展各种群众表演，如地方折子戏、京戏、黄梅戏等。当然，也不能错过湖南地区特色的花鼓戏，庙会期间，《八仙祝寿》《刘海砍樵》等经典花鼓戏都会轮番上演。

花鼓戏

花鼓戏源自当地的山歌和民间小调，伴随着欢快的花鼓伴奏，它在湖南地区得以独树一帜。

捌

进门火宫殿
出门乾元宫

火宫殿的八大特色小吃备受推崇，甚至被列为省级非物质文化遗产，可见它们的独特之处。这里的美食之多，可谓让人流连忘返。古长沙城有一句顺口溜：“进门火宫殿，出门乾元宫。”在当地方言中，“乾元宫”发音近似于“钱圆工”，意为“钱花完了，不肯离开”。

❶ 红烧猪脚

该技艺传承自清末火宫殿附近一位叫邓春香的师傅，其制作的棕色酱炖猪脚色泽红亮，肥而不腻。

❷ 肉丝馓子

馓子类似“油炸面条”，松脆可口。将馓子用滚烫的肉汤冲沸，入口即溶，无比美味。

❸ 龙脂猪血

以新鲜猪血为原料，经过一番烹制加工，捞出后放入肉汤，佐以麻油和葱花，如龙肝凤脂一般美味。

❹ 三角干子

又名“三角豆腐”，将豆腐切成三角形，油炸后再调味烹制，金黄剔透，鲜美多汁。

❺ 荷兰粉

蚕豆磨成粉，制作成洁白剔透的粉坨，再切成薄片，加入佐料和高汤。

❻ 八宝果饭

糯米中拌进八宝：红枣、莲子、桂圆、青豆、橘饼、红瓜、冬瓜糖、葡萄干，放上笼子蒸熟。

❼ 姊妹团子

一咸一甜的糯米团子，咸的包入鲜肉、香菇等馅料，甜的则包入芝麻仁、白糖等馅料。

❽ 臭豆腐

火宫殿臭豆腐“黑如墨、香如醇、嫩如酥、软如绒”，连毛主席尝过后都念念不忘，说其“闻起来臭，吃起来香”。

火宫殿的存在，简直就像是一个奇迹。它如同一座神奇的融合之城，既是虔诚祭祀神明之地，又是欢声笑语的小吃市集，更是一处悠闲的品茶赏戏胜地。

1747年

清朝乾隆年间，为了消弭火灾，人们在坡子街修建了一所祭祀火神的庙宇，又叫“乾元宫”。

1826年

清道光年间，当地的城绅商贾重建火神庙，将其规模扩大，新建了石牌坊、古戏台、财神庙、弥陀阁、普慈阁，形成了一个大型庙宇群建筑格局。

1938年

抗日战争时期，在一场“文夕大火”中，火神庙被焚毁，几乎成为废墟，仅留下一座古牌楼幸存于世。

1941年

火宫殿再建，当地商贩出资在庙前建立简陋的木棚屋48间，此后逐渐发展为集祭祀、看戏、听书、观艺、小吃为一体的庙会场所。后来，火宫殿地区拆除了棚屋，兴建楼房，此后又几经兴废。

国家非物质文化遗产

湖南省长沙市天心区坡子街127号

创建时间	1747年
营业时间	早　茶 6:30—11:00
	小吃王国 11:00—20:00
	湘菜首府 11:00—20:00
人均消费	64元
提　示	不同时间段供应的食物是不同的，去之前要看好时间哦！

2001年

长沙市对坡子街进行重新规划，火宫殿得以扩建重修，重塑火神像，恢复火神庙、火戏台等建筑，让火宫殿在保留原有特色的同时，增添了更多烟火气。

陶陶居

饮茶粤海未能忘，陶陶居上乐陶陶

广东省

广州市荔湾区第十甫路20号

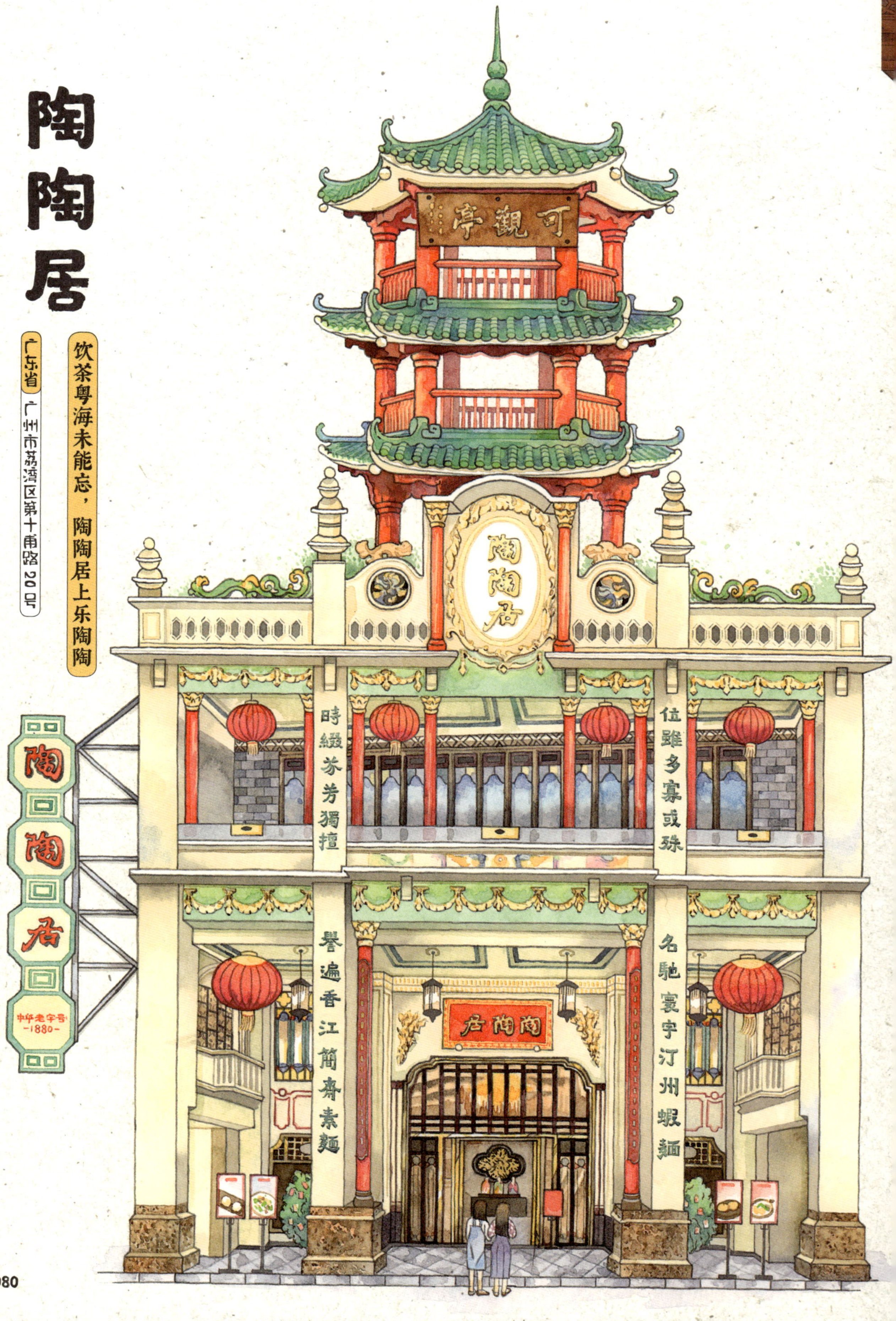

茶楼文化在广州可以追溯到清朝时期。当时，繁盛的商业活动和人流使得人们渴求一处休闲场所进行交流。最初的“二厘馆”作为公众茶肆，依偎在码头和路边平房，供行人歇脚饮茶。随着商机崛起，茶楼逐渐改头换面，显得豪华体面，吸引了上流社会的雅士前来消遣交际。这是茶楼文化在广州的初生。

一家岭南风味的老茶楼，以浓厚的文化艺术氛围、别出心裁的茶水特色文化和代代相传的点心制作工艺脱颖而出，这就是陶陶居。

重现岭南元素

岭南地区气候湿热，人们巧妙地运用天井来采光通风，老楼中也有修建。后来为了增加经营面积，便把天井封了起来。人们在修复时，重新打开了天井，还加置了小桥流水，让人如同置身园林之中。

店里点缀了不少岭南特色元素，比如五彩斑斓的窗户——满洲窗，“百花齐放”的路面——花砖，还有各种梅兰竹菊、岭南佳果。身临老铺，就感觉一股浓浓的岭南风情袭来。

大楼顶层有座六角重檐的三层亭，红墙绿瓦装饰，名曰“可观亭”。其牌匾由中国近代著名书法家、教育家麦华三题写，在这里可以俯瞰商业街和老城区的美景。

“骑在大道上”的楼

陶陶居是典型的“骑楼”建筑，整个商业楼骑跨着人行道建造，一楼临近街道的部分建成走廊，供行人躲避日晒雨淋。这种建筑最早盛行在南欧、地中海一带，近代鸦片战争后，许多岭南城镇被迫成为开放口岸。西方古典建筑引入，和广州传统建筑形式相结合，形成了广州特有的“骑楼”建筑。

清早一杯茶，不用请医家

如今，茶已经融入了广州人生活的方方面面。无论是宴请客人，享受美食，还是日常生活，茶都是不可或缺的伴侣。这里的人们已经把饮茶提升到一种生活的艺术境界，仿佛在“偷得浮生半日闲”的时光里品味人生。一杯茶，是他们表达友善和热情的独特方式。

瓦鼎陶炉，文火红炭

陶陶居选用了宜兴茶煲和潮州炭炉，点燃橄榄核炭后，火势平稳，散发出橄榄的清香。当九龙泉水滚沸时，又称为“虾眼水”，茶水与茶叶相遇，醇厚的茶香扑面而来。自斟自饮，沉浸在这别样的茶香之中，真是一种怡然自得的享受。

一盅两件，三茶两饭

饮茶必伴美点，茶楼不断创新，提供各式点心，如豆沙包、椰蓉包、腊肠卷等，以及享誉岭南的“四大天王”——虾饺、烧卖、叉烧包和蛋挞。

广州人的生活中充满了“三茶两饭”的节奏，即早中晚各饮茶，午晚两顿正餐。清晨四五点，茶楼门开，人们便纷至沓来，享受一整天的悠闲“叹茶”时光。

白云山上有龙泉

陶陶居以品质为王，茶水和茶点有其独特之处。茶圣陆羽提到，煮茶水来自“山水上、江水中、井水下”。陶陶居选择了白云山上的九龙泉水，确保水质的纯净。这样的山泉水泡制的茶水甘甜可口，备受茶客钟爱。

为了供应这一上乘水源，陶陶居雇佣了十名劳动力，日夜奔波于山野之间，将九龙泉水以大红水桶运输至店铺。桶上醒目地印有“陶陶居九龙泉水”，配以飘扬的彩旗，引人注目。

以手代首

服务员上茶或茶点时，客人们可以用食指和中指轻轻在桌上点几下，表示感谢。据说，这是乾隆下江南时流传开来的礼仪，但真与假已经无从考证。

揭盖续水

茶客需要加水时，不需要喊服务员，只需将茶壶壶盖打开，放在一个显眼的位置，就会有人过来加水。

首茶洗杯

泡茶时，通常会将第一壶茶拿来烫洗碗和茶杯，倒掉后重新烧的第二壶茶水才开始喝。

陶陶居对茶点的重视可见一斑，其不断研发创新，菜单上曾涵盖上百种点心。这些点心传承六代，每一代传承人都坚持手工制作，抵制“快餐式”流程，力求保持经典味道。因此，“陶陶居点心制作技艺”已被列为广州非物质文化遗产。其中，广州人钟爱的“广式点心四大天王”——虾饺、烧卖、叉烧包和蛋挞，更是不容错过的美味。

烧卖

广式烧卖馅料充实，吃起来紧实弹牙。陶陶居的烧卖比之其他茶楼的烧卖味道偏咸，更适合配茶。

虾饺

招牌大虾饺晶莹剔透，鲜甜可口，馅料自带一股芝麻油香。

蛋挞

陶陶居在传统蛋挞的基础上创新，做出的高筒葡挞高脚厚底，酥香无比，每一口都是蛋香。

叉烧包

柔软的叉烧包以传统的鲍汁入馅，笑口而不露馅，馅料肥瘦相间，味道很正宗。

沧海桑田，世事变迁。如今的广州陶陶居，人或物都已变换，但它所代表的岭南茶文化却依旧保留着曾经的滋味。无论是那典雅的岭南茶楼建筑，还是山泉泡茶的甘甜滋味，抑或是那传承百年的点心手艺，都令人难以忘怀，仿佛品味着百年前的广州茶楼风光。这一杯茶，锁住了时光，留住了岁月。

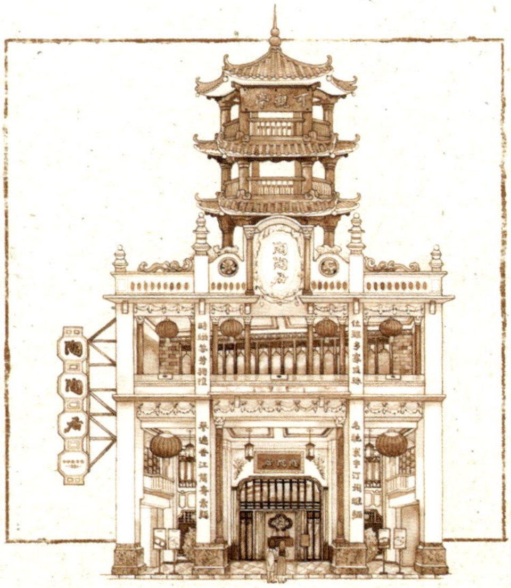

广州非物质文化遗产

广东省广州市荔湾区第十甫路 20 号

创建时间	1880 年
营业时间	8:00—21:00
人均消费	101 元
提　　示	每周六中午 12:00 可以在四楼大厅听曲品茗，欣赏岭南文化粤剧。

1880 年

陶陶居原址是一处名为“霜华”的书院，书院改换门庭，换上“葡萄居”的招牌，专门售卖苏州风味的饭菜，同时也经营一些茶市生意。后来，店铺转交给一位姓陈的老板，改名“陶陶居”。

1891 年

为发展经营特色，店铺以九龙泉水烹茶，以宜兴茶煲和潮州炭炉做茶具，还向文人墨客征联作为宣传，此后生意日渐兴隆。

1925 年

陶陶居改建成红墙绿瓦的三层高楼，重新开业。研制出了一种新的月饼，并成功挑动了莲蓉月饼的统治地位。陶陶居也因此荣获“月饼泰斗”之称。

1993 年

陶陶居被国内贸易部授予“中华老字号”称号。1998 年，获批为首批国家特级酒家之一。

2019 年

陶陶居总店开始修复改造，人们最大程度地复原了 1925 年民国时期的陶陶居外貌，并唤醒了那段鲜活的历史。

又一新

名厨同烹豫菜 高徒献艺四方

河南省 开封市鼓楼区寺后街 23 号

北宋张择端以《清明上河图》惊艳了世界，将古开封的繁华呈现给世人。如今，说起开封的美食胜地，老开封人最常提起的莫过于寺后街。它曾经是开封最繁华的街道，也孕育了众多的老字号，承载着无数逸闻往事。如今，寺后街作为新豫菜的发源地，新饭庄坐落其中，拥有众多名厨，传承着经典的豫菜，被誉为餐饮界的“黄埔军校”。

豫淮争高 名人赠扇

又一新饭庄的坎坷从建店那一刻就开始了。1906 年，扬州厨师钱荣升来到开封，开了一家淮扬菜馆，名为“座上春”，准备与豫菜一较高下。不想短短两年即倒闭关门。钱老板吸取前车之鉴，聘请了众多豫菜名厨，再次开业，名字取自“山重水复疑无路，柳暗花明又一村”，就叫“又一村”，也寓意新店能东山再起。

1923 年，康有为游历开封，当地名流决定在又一村宴请他。席上，康有为对一道“煎扒鲭鱼头尾”特别倾心，赞其不仅味道一绝，还令他想到后汉时五侯同烹鲭鱼的典故，于是挥毫提“味烹侯鲭”四个大字，食罢又写下“海内存知己，小弟康有为”的扇面赠予厨师。当时这位烹鲭鱼的厨师年仅 27 岁，康有为却已经 65 岁，一时传为佳话，又一村因此名声大振。

康有为写下“海内存知己，小弟康有为”扇面赠予厨师。

换招牌辞旧迎新

终于走上正轨的又一村即将面临更大的变故，创始人钱荣升病逝，由其内弟接管生意，可他不仅不擅长经营，还沉湎于私利，致使饭庄陷入破产的危机。这个关键时刻，曾经被康有为视为知己的名厨黄润生，联合其他著名厨师，为了挽救老铺的声誉，成立了工人管理委员会，通过请债主吃酒席的方式，重塑了店铺的名誉。数年之后，债务逐渐清偿，生意越来越好，然而，这时钱家人却前来争夺经营权。愤怒之下，众名师纷纷离开，另外开了一家新店，并以“辞旧迎新”为名，开启了全新的征程。据说，新店的开业正值日本战败投降之际，烟花爆竹声不绝于耳。

豫菜“黄埔军校”

又一新，名动豫菜界。20 世纪 80 年代，开封名句传：请客不去又一新，算不上请客。又一新，师徒传艺严谨，曾令末代皇帝溥仪为“香菇鸡”赞叹连连。吕长海，那位曾为溥仪烹制美食的名厨，竟是 12 岁入店的学徒。1954 年，河南政府成立河南饭店，16 名厨师从又一新选调，其中吕长海亦在列。

吕长海说起学徒的事津津乐道，“不干活儿的、懒的，就让你去外面杀鸡、倒垃圾，十年二十年也熬不上，小错师傅吵你，大错晚上挨板子。师傅们爱惜自己的名声，做不好被掌柜的打回来自己也嫌丢人！”

中华人民共和国成立后，中央和省政府多次从又一新抽调厨师，从北京饭店到驻外使馆，从钓鱼台国宾馆到人民大会堂，都留下了又一新名厨的足迹。

河南省评定的“豫菜十大名菜”中有九道来自又一新。尤其是一道鲤鱼焙面，被河南省餐饮协会评为“河南十大名菜之首”。

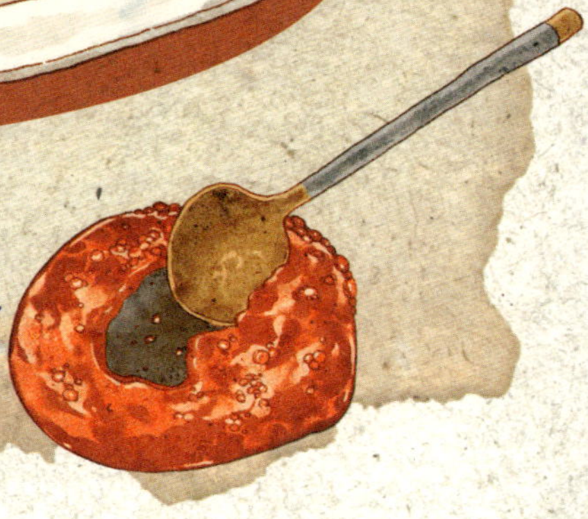

1985年，已耄耋之年的梁实秋在《雅舍谈吃》中回忆吃过的豫菜，仍对鲤鱼焙面记忆犹新。培养出一代代国家级名厨的又一新如今却“门前冷落车马稀”，不禁令人唏嘘。只能期待这家豫菜老铺能够跟以前一样浴火重生，让经典豫菜不止活在人们的回忆里。

1906年

扬州厨师钱荣升在开封开饭庄，名为“座上春”，为又一新前身。

1923年

康有为赠扇又一新名厨黄润生，结忘年交。

1964年

又一新由中山路迁至鼓楼街现址。

1985 年

又一新新建了100多平方米的仿宋餐厅“龙华楼”，经营豫菜及仿宋菜。

2002年

又一新鲤鱼焙面被国家认定为“中国名菜”。

2007年

鲤鱼焙面被认定为河南省非物质文化遗产。

又一新饭店

河南省开封市鼓楼区寺后街23号

创建时间	1906年
营业时间	10:00—14:00 17:00—21:00
人均消费	84元
提　　示	套四宝也是店里招牌菜，用鹌鹑、鸽子、鸡、鸭环环相套制作而成，极其考验功力。

真不同

承大唐国风 品真水本味

河南省 洛阳市老城区中州东路 393 号

洛阳，我国古老的都城，承载了千年的历史沉淀和传奇传说。然而，要谈洛阳最真实、最贴近人心的文化，洛阳水席无疑是当之无愧的代表。这项有着一千三百余年历史的饮食传统，堪称我国最古老、最完整的宴席之一，与洛阳牡丹和龙门石窟齐名，被誉为“洛阳三绝”。而在洛阳中州路上的真不同酒楼，会聚了烹饪洛阳水席的顶尖高手。这家老铺已经历百余年光阴的洗礼，恪守匠心精神，不懈探求，努力还原大唐水席的风采与韵味。

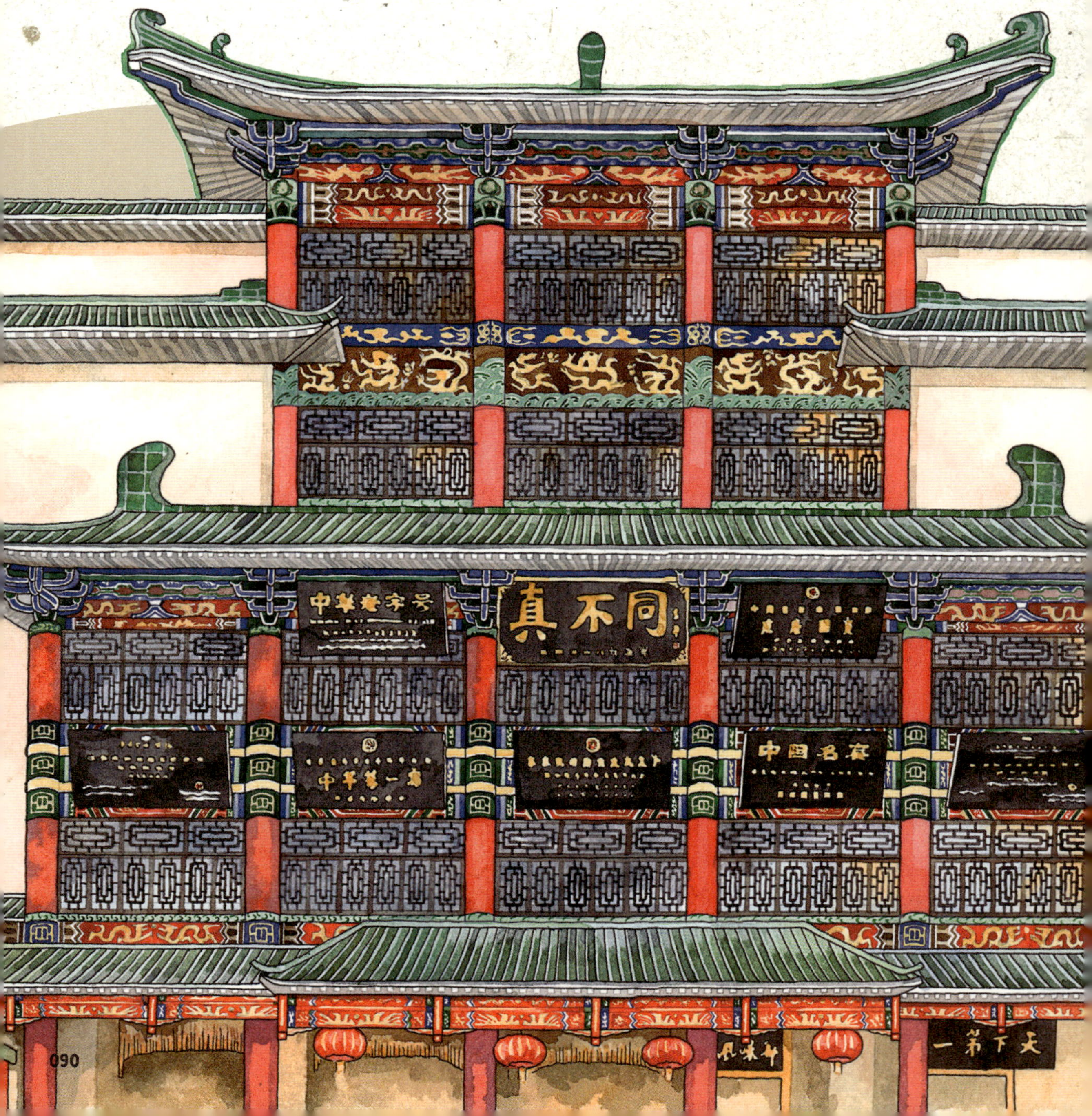

寻大唐本真风味

公元 684 年，武则天封洛阳为神都，自此开启了洛阳璀璨历史的新篇章。神都内商贾云集，经济蓬勃发展，而洛阳四面环山，雨水稀少，使当地居民钟情于汤水。逐渐地，一种名为“流水宴”的民间传统筵席崭露头角。名厨们的巧手和创新将其提升，流水宴由此进驻皇宫，成为大唐盛世的标志性盛宴。

水水“真不同”

洛阳水席第六代传人裴五江对“水”字有自己的体会，他认为洛阳水席中的水有四层意义。

水

汤汤水水

洛阳水席中所有的热菜均有高汤，保留营养。

百味之首

水为百味之首，水为本，味末。

真水本味

用最好的水来烹饪洛阳水席，来自千年深鸣山泉。

行云流水

用完一道，再上下一道，整个过程极为流畅。

洛阳水席既为大唐国风，若能用今日资源还原盛唐气象，也不失为一件乐事，这也是裴五江的心愿。他带领团队钻研《旧唐书》《新唐书》《中国菜肴史》等历史典籍，追根溯源，历时三年，还原出遗失千年的驼蹄羹、汤浴绣丸、双刀片鱼片、槐叶冷淘等唐菜，真正做到洛阳水席“全唐化”。

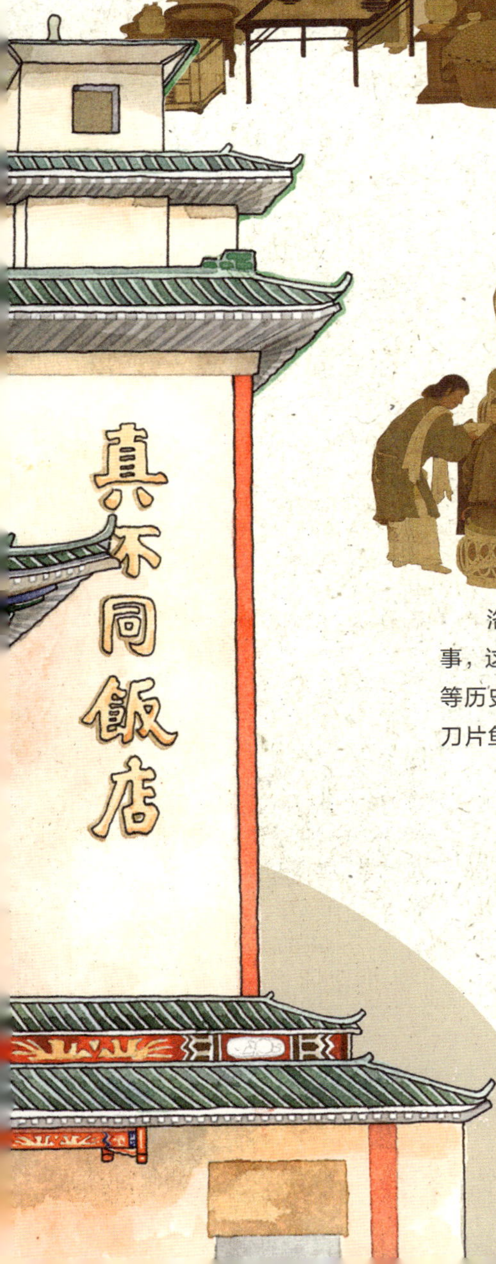

品“洛阳水席”溯唐宴本源

想成为品洛阳水席的行家，一定要知道，洛阳水席的整个菜品调味都遵循着一条铁律。

清者先行，浓者后来，正者主之，奇者杂之，抵者舌倦，辛以震之，待其胃盈，酸以溢之

食客会先品尝到清淡的菜品，之后品尝到味道稍浓的菜品，等到食客的舌头感到疲倦的时候，就会吃到辣味的菜品，等到胃里饱胀，再以酸味的菜来刺激味蕾。一套水席品完，仍觉意犹未尽。

真不同的洛阳水席全席共 24 道菜，寓意武则天在位的 24 年。前八品均为凉菜，四荤四素，在摆盘上极为讲究，依次象征着武则天的“服、礼、韬、欲、艺、文、禅、政”八大善绩。比如其中用鹅脯、鹅掌做成的“政”菜，古时用食材为雁，雁知冷暖而迁徙，亦可水中漂浮，寓意武则天作为掌权者要知民间疾苦、民意载覆。

中间一朵硕大的蛋皮牡丹，下面是切得精细的萝卜丝，再加上火腿、香菇、冬笋、海参等各色食材烘托，如众星拱月。

整个筵席的核心菜色是四镇桌，其中最引人注目的便是一道“牡丹燕菜”。这道菜用料虽然简单，但制作非常复杂，武则天尝过后称赞似燕窝风味，遂成名。

最核心的四道菜肴每上一道会带两道“八大件”菜品，有“带子上朝”的说法。八大件前五道食材多为禽类及海鲜，后三道则为甜食。此时筵席过半，正需要其他口味刺激一下味蕾。

最后四道压桌菜被称作“四扫尾”，光听名字就让人食欲大振，有鱼翅插花、金猴探海、开鱿争春和碧波伞丸，仿佛食客已经上九天下五洋遨游了一圈。品尝过四扫尾里的蛋汤，洛阳水席就全部结束。

四扫尾的蛋汤，又称“送客汤”

为了让食客再回唐朝，真不同的服务人员还穿起了宽大的“唐装”，梳起了唐朝发髻，希望能够“形神具备”。其实，真不同循古迹、创新意，已经把洛阳水席中的“水”运用到了极致，这种开放、包容的精神，恰恰是盛唐景象的核心所在。

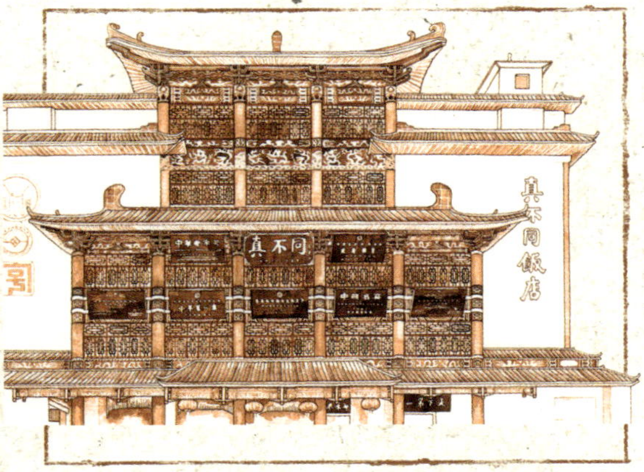

1895年

于庭选在洛阳开“于记饭铺”，为真不同前身。

1947年

饭铺正式定名为“真不同”。

1973年

周恩来陪同加拿大总理特鲁多来真不同品尝洛阳水席。

2006年

真不同被中国商务部授予首批“中华老字号”称号。

2008年

真不同洛阳水席制作技艺入选国家非物质文化遗产名录。

2009年

真不同大唐盛宴在第八届国际美食博览会上，获得“中国美食十大盛宴”称号。

河南省洛阳市老城区中州东路 393 号

创建时间 1895 年

营业时间 11:00—14:30 17:00—21:00

人均消费 74 元

提　　示 堂食大厅在酒店二楼，来吃饭的小伙伴不要走错哟。

和平飯店
PEACE HOTEL

和平饭店

上海市 北楼 黄浦区南京东路 20 号

上海市 南楼 黄浦区中山东一路 18 号

一座外滩旧洋楼 半部上海近代史

"THE CATHAY"—the most modern Hotel in China

如果说外滩是上海的一张名片，那么，和平饭店，就是上海 20 世纪三四十年代独一无二的见证者。它存储着国人忘却的记忆，衔接着新旧两个时空。

当夜晚来临，人潮散去，仿佛突然之间，南京路上的建筑们一个一个地显现出来，戴着绿色尖顶帽子的和平饭店，则像一位温和而坚定的老人，静静地看着黄浦江水奔流，沉默不语。

一百多年前，英商香港上海旅馆股份有限公司在上海中山东一路 18 号兴建了汇中饭店，高达六层。当时，外资大规模流入上海，高楼大厦如雨后春笋。其中，最壮丽的建筑是维克多·沙逊建造的华懋饭店，其资金却来自向中国市场贩卖的武器和鸦片。随着国民党的衰落，沙逊将财产转移到海外，抛下了自己的顶层豪宅和东方梦，再也未归。

2006 年，和平饭店北楼修复工程拉开帷幕。曾经，那个一般老百姓只瞥上一眼就被人驱逐的饭店，在历史的舞台上迎来了崭新的生机。九年后，汇中饭店也重燃生机。它们分别成为和平饭店的北楼和南楼。

新旧交织的时空

远望和平饭店北楼，它的哥特式绿色铜尖顶在夜晚的外滩建筑群中独树一帜。其实，这抹翠色是百年来黄浦江的水气氤氲氧化而成，是自然和时间的礼物。

华懋饭店 logo

茉莉酒廊

位于一层的茉莉酒廊摆放着 1927 年的斯坦威钢琴，它曾经给下榻在此的旅人们送上浪漫的音符。

查理·卓别林曾用它演奏过。

和平厅

位于酒店八层的和平厅风采依旧，八块拉利克玻璃历经百年仍熠熠生辉，其中一对由拉利克品牌创始人为华懋饭店专门定做，并成为他的遗世之作。

大堂吊灯是规整的八角形黑色金属在半透明玻璃上呈现出旋涡或 V 形的镂空图案。

和平博物馆

步行来到二层，这里竟藏着一座小小博物馆。华懋饭店时期的钥匙牌、打字机、银质唱片……让你的思绪在历史的缝隙中飘飞。

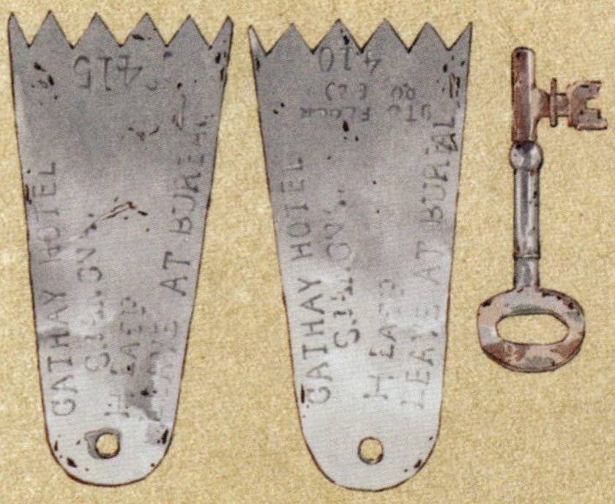

钥匙牌和钥匙

天花的造型、图案一切都是百年前的模样。

九国套房

拾级而上，五至七层的九国套房更令你感叹华懋饭店曾经的奢华，中、印、英、美、法、意、西、日、德，每间套房都极尽还原各国文化本色。

20 世纪 30 年代，著名影星马琳·黛德丽、喜剧大师查理·卓别林和他的未婚妻宝莲·高黛都曾在此下榻。

玻璃艺术家施森彬为和平饭店 90 周年创作捐赠的和平鸽。

和平饭店南楼

虽偏安邻街，和平饭店南楼却一直行走在艺术的浪尖上，共开设了 18 间艺术工作室，来此下榻的游客在艺术家的允许下，可以观摩艺术作品的创作过程。

爵士乐队

及至华灯初上，在北楼一层餐厅的东北角，你会看到一群穿白衬衫、戴黑领结、穿背带裤，平均年龄 80 多岁的“老克勒”，正缓缓演奏着上世纪 30 年代风靡一时的经典爵士名曲。

寻味和平

和平香糟鸡

煮熟后浸泡在秘制香糟料里浸泡一天一夜，口味丰富，诱人胃口。

那时，和平饭店代表着上海滩菜品的最高格调，难得的是，能一直保留到现在。

和平生煎包

汤鲜味美，咬一口，地地道道的老上海生煎包。

熏鲳鱼

外皮酥脆，内里多汁，咸甜兼济，热食最佳。

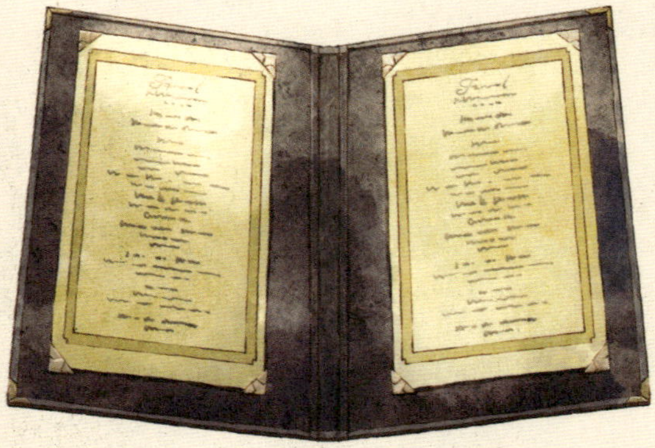

和平饭店茉莉酒廊菜单

正宗的西餐必不可少，除此以外，和平饭店又以口味醇正的粤菜、川菜和本帮菜闻名。尤其是在吸收了苏州、无锡、杭州等江南风味的基础上，改良和创新出的本帮菜，不但精致有余，且回味悠长，尤其受到食客们的欢迎。

无论是档案馆里的远东第一楼，还是上海爷叔们嘴里的沙逊大厦，和平饭店的魅力就在于，一个世纪的沉淀，足以让每一位来访者拥有属于自己的独家记忆。

1854年

1854 年，英国人帕克沃创办中央饭店，也称“帝国饭店。”

1903年

1903 年，英商汇中洋行买中央饭店产权后，改称“汇中饭店”。

1906年

汇中饭店拆除重建。

1929年

华懋饭店竣工并投入使用。

1941 年

太平洋战争爆发后，汇中饭店被日伪强占。

1956年

华懋饭店改名“和平饭店”，恢复饭店的业务。

1965 年

汇中饭店改为和平饭店南楼并重新对外营业。

2010年

和平饭店北楼大修工程竣工，恢复对外开放。

北楼　上海市黄浦区南京东路 20 号
南楼　上海市中山东一路 18 号

创建时间	1854 年
营业时间	11:00—14:30 17:00—21:00
人均消费	1929 元
提　　示	可免费预约工作日 12:00 到和平博物馆听工作人员解说。

德兴馆

正宗苏帮面 沪上立百年

上海市 黄浦区福建中路 529 号

上海的老字号美食，多少都传承了江浙一带味浓鲜甜的口味。位于黄浦区福建中路的这家德兴馆，始创于 1878 年的光绪年间，就以做苏帮面点闻名遐迩，尤其是那碗藏着二两焖蹄的浇头面，是让无数上海长脚爷叔魂牵梦萦的好味道。

老店与食客的默契

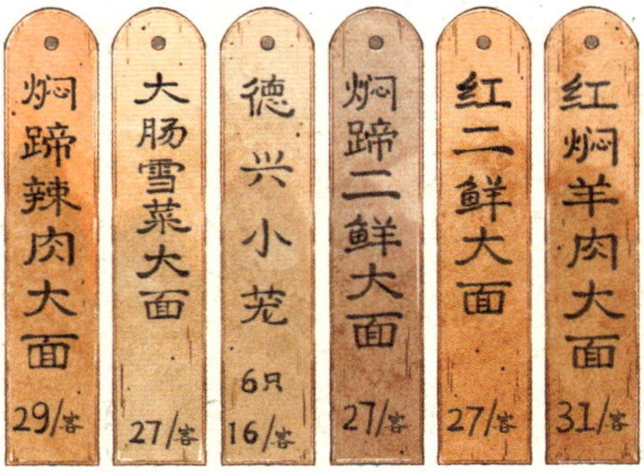

这家路边的小店着实算不上起眼，店里的菜单书写在竹签上，很有复古情趣。随着城市的发展，周边的“邻居”们陆续搬离，只有它仍蜗居此地。其实，德兴馆在上海已经有多家分店，但老主顾们还是热衷于光顾这家，因为仍然是儿时的味道。若有哪次店里的伙计失了分寸、差了味道，老食客们会毫不留情地当面指出，正是这种“不见外”的数年相伴，让德兴馆老店一直坚守自己的“体面”。

苏面入沪

老字号德兴馆的创始人也算得上正宗“沪漂”，把苏帮面点的好味道带到了上海。最开始是挑着担子、敲着竹板卖面维生，担子虽小，浇头、面条、配料一应俱全。流动的味道慢慢地凝聚成好口碑，摊主便盘下一间小铺，世世代代做起面条的生意来。1878 年德兴馆在上海开张时，主打的吃食就是浇头配光面，浇头有焖蹄、爆鳝和爆鱼，今日依然如是，默默地还原着百年的老味道。

除了各式早餐大面，德兴馆还设有外卖窗口。各式酱菜、熏鱼都可以外卖与家人分享。其中，八宝辣酱很有特色。在上海，八宝辣酱是可以作为年菜的角色，德兴馆的八宝辣酱中，土豆、肉丁、香干、花生等食材都是单独炒制，再用古法酱油熬制，色泽醇厚，别有一种家常风味。

上海第一面

德兴馆的焖蹄面旧时曾冠绝沪上，如今依然保留着六点开门的传统，因为有大批的老食客们仍然会在东方尚未泛白时，急匆匆出门，就为了赶上德兴馆的头锅面。待点上心头好，便气定神闲，安然等候。

吃面前，先把焖蹄捂入面中，喝口汤，再把焖蹄捞出，趁着肥肉未化至透明时入口，酥软糯香、肥而不腻，肉尽再吃面。咸中带甜，甜中蕴鲜。

德兴馆专做蹄髈的传人一早5点就开始挑选当日食材，蹄髈的颜色、大小、形状和完整度都需要进行筛选，300斤蹄髈无一不挨个查看，保证每一碗焖蹄面的出品质量。

除了鲜美的浇头，德兴馆的高汤也可圈可点。汤底并不是乳白色，但却清澈味浓，是用大量的猪骨和鳝鱼骨熬制而成，也只有"上海第一面"德兴馆才能支撑这么大体量的骨头来熬制高汤。

近几年时不时传出德兴馆老店搬迁的传闻，虽然目前老店还在，仍不免让忠实的老客人挂怀，这其中不乏几十年前从苏锡来沪闯荡的游子。他们对于这碗焖蹄面的感情，表现在可以早起，可以远赴，也可以“挑剔”。当然，这碗正宗的苏式面，也绝对值得等待。

1878年

沈退兴创办德兴馆，名字来源于明末清初那条轰动世界的大船“德兴号”。

1988年

德兴馆全年售出 100 万块焖肉。

1997年

上海市商务委把德兴馆评定为上海面类第一名。

1999 年

德兴馆老店从福建中路搬迁至广东中路，原老店变为分店。

2000年

广东中路德兴馆总店正式开门营业。

上海市黄浦区福建中路 529 号

创建时间 1878 年

营业时间 6:00—19:00

人均消费 56 元

提　示 一楼以外卖糕点为主，二楼可以点菜堂食。

老凤祥

凤凰流金，岁月涅槃，红底重生，老凤凰焕新颜。

上海市

黄浦区南京东路432号

上海外滩旁的南京东路，有这样一家历史悠久的银楼——老凤祥。其精美的金银制品葵花顶灯在人民大会堂得以展现。在旧上海，它曾领先各大银楼，也曾在困境中命悬一线。如今，“老凤祥”店铺已遍布全球，包括美国纽约第五大道，已经成为中国首饰品牌的骄傲。

不卖银子却叫“银楼”

“银楼”一词的起源有多种不同的解释。其中之一据说是老凤祥的创始人陈兴浩先生初次创业时，在南京路租下一座楼宇，开始了珠宝生意。银楼就像银行，和银子有关系，但并不只卖银子，凡卖金银珠宝，小规模的叫作坊，规模较大的可以称作银楼。由于该楼宇主要售卖珠宝首饰，人们将其称为“银楼”。

上海是我国近代银楼业的发源地，凤祥裕记银楼便是上海老凤祥银楼的前身，于 1848 年创建。1908 年迁址南京东路（现南京东路 432 号）延续至今，这一旧址便是现今的老凤祥总店。

裕记丹凤图形商标

凤祥记天足赤新戒指

凤祥裕记纯银白头翁牡丹花插

清末民初上海两金锭，上写“王 凤祥记 天新足赤 裕”

这座南京东路的三层建筑，第三层正中的金色凤凰标志很是显眼，却远不及 1930 年老楼上那只凤凰张扬。1848 年，宁波最早的家族商帮郑氏第十七房郑熙在创立老凤祥时，由庭院房檐下“龙首凤凰”砖雕图案引发灵感，定下“凤祥”的名号。在高悬的招牌布上，还画着一只振翅高飞的凤凰。“顾客是太阳，丹凤朝阳，才能百鸟朝凤。”创始人对店铺和顾客的关系有独到的见解，这也成为老凤祥一直以来的经营理念。

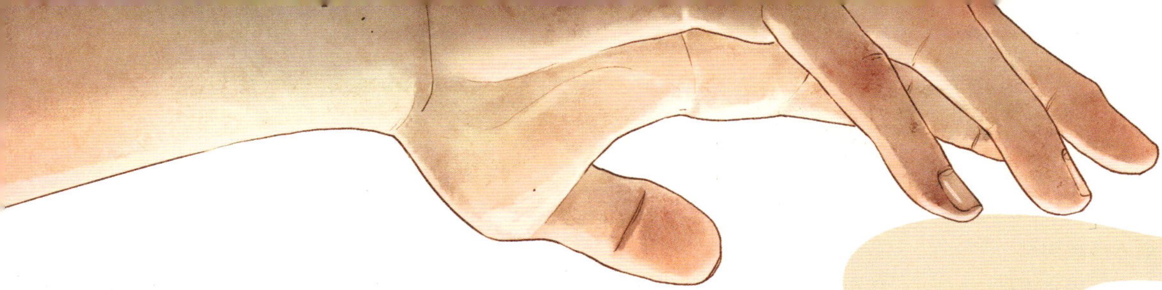

指尖上的绝活——金银细工

金银细工是一门古老的艺术，以黄金和白银等贵重金属为材，精湛地雕琢制作各种器物。在中国，这门工艺源远流长，可以追溯到三千多年前的商周时代。老凤祥堪称金银细工工艺的杰出代表，如今由国家级非物质文化遗产传承人、总工艺师张心一领衔。金银细工之所以备受推崇，不仅因为黄金和白银的贵重，更因其具备良好的延展性，使得工匠们能够进行精湛的雕琢工艺。每一件金银细工品都是经过十余个复杂步骤和多道工序精心制作而成，精巧繁复，被誉为“指尖上的绝活”。

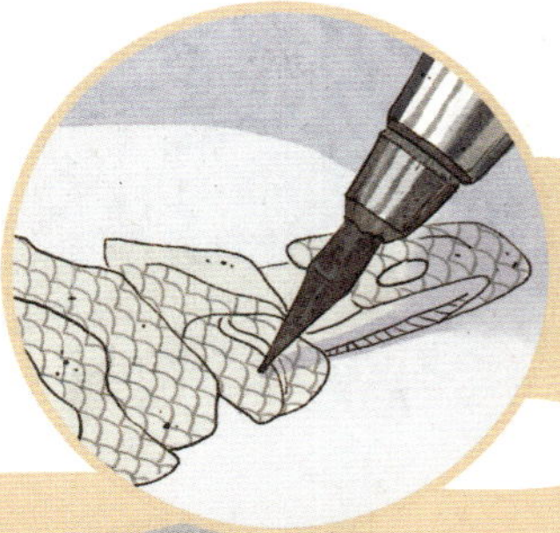

设计

根据要塑造的物品画出设计手稿，描摹动态细节，然后计算出各部分的尺寸，这个环节奠定了工艺品的风格。

制作模范

根据设计图用泥塑造成初步模型，进行雕镂。再以石膏翻模，后翻制成锡及水泥模。为方便深加工，达到精美还原效果，模会被分成几个部分。

抬压

用竹木和金属錾子不断塑造片状材料，使其达到立体效果，逐步向成品形态靠近。

焊接

将经过加工的各部分模块整合为一，在焊接的过程中，需要留出灌胶孔。

灌胶

将特制胶水熔化后通过灌胶孔灌入产品内部，全部灌满冷却后，胶水变硬，方便做后续的修整。

精雕

用捶揲和挫削的方式对焊接缝进行“美容”。对面部神态、衣物褶皱纹饰进行更进一步刻画，使之生动、丰富。

錾刻

有些复杂的工艺品，就需要更细致的錾刻来完成，光是錾刻的工具就有数百种，经过錾刻的纹饰、图案都更加立体逼真。

镶嵌

如果有珠宝玉石的加入，就要进行镶嵌，根据不同要求进行镂空、镶座托、挖槽，最后对整个结构加以修正。

脱胶

制作完成后，将工艺品内部的胶加热并使之流出，之后用稀硫酸整体浸洗。

总装

安装底座、配件和其他装饰，到这一步，一件完整的金银细工就完成了。

表面处理

对工艺品整体进行打磨抛光，再进行电镀，这样可以使之光泽清晰，有明暗的变化。

大国工匠铸传世佛像

1997 年 11 月，我国最高佛像——无锡灵山大佛正式向世界展现，与它一同呈现的还有 3500 尊纯金小佛像。距此八个月之前，老凤祥的总工艺师张心一亲手雕刻了一尊金银细工小佛像，作为标杆。这些小佛像必须完全手工制作，并与大佛的外貌相媲美。有些小佛像的金箔薄 4 微米，一触即断，而在精细雕刻的过程中，共有一千多种不同的雕刻刀，使用的雕刻刀仅有两根牙签那么粗。工匠们经过长达八个月的不眠之夜，最终在仪式前夕成功完成了这 3500 尊小佛像，使其完美地呈现在大众面前。

经典与时尚并存

2020 年底，共产党百年华诞前夕，老凤祥在上海奉贤博物馆内举办了一场盛大的艺术展览。这次展览呈现出经典与时尚并存的特点。其中，最引人注目的展品之一是重达 16.18 千克的皇家御用镶宝足金餐具，以及那镶嵌了 1208 颗天然金刚钻、精致无比的黄金老爷车。这些展品不仅令人叹为观止，更让人领略到了国家非物质文化遗产的卓越魅力。

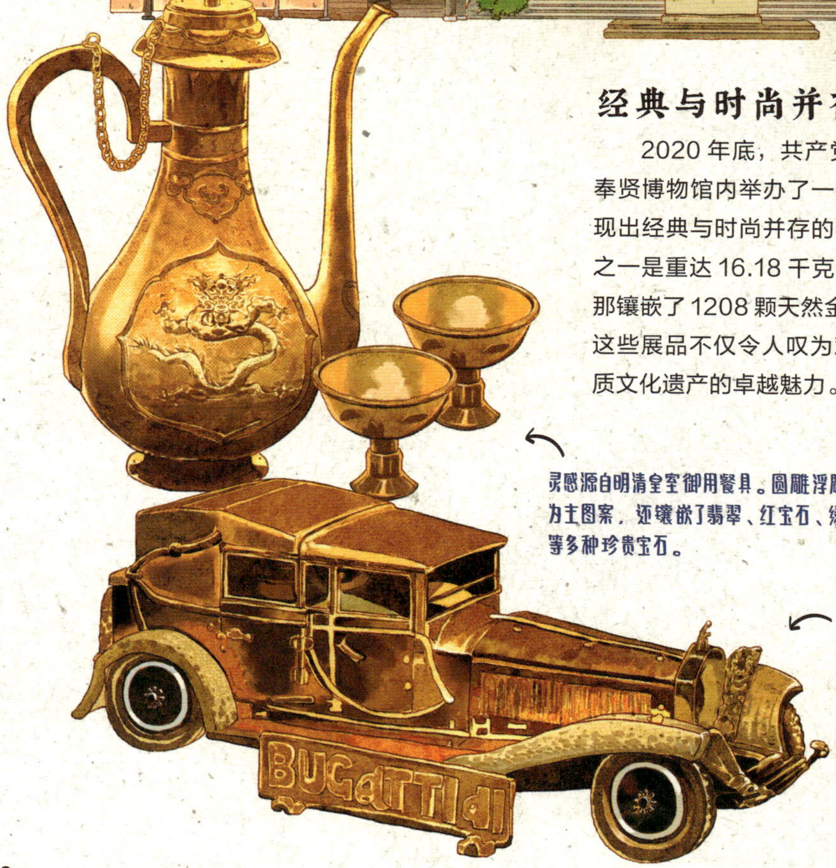

自1948年至今，老凤祥经历了风雨考验，坚守着传承的使命。凭借卓越的工艺品质和不断创新的设计，它赢得了广大顾客的青睐。尽管偶尔会有顾客抱怨门店销售的态度有所冷淡，但总会有其他顾客因为其卓越的品质和合理的价格而为其辩护。然而，服务态度和品质并不是不可调和的矛盾，希望如今仍然傲然挺立的老凤祥能够再次飞向它心中的太阳。

上海市南京东路432号

创建时间 1848年

营业时间 周一至周四 9:30—21:30

周五、周六 9:30—22:00

周日 9:30—21:30

人均消费 9914元

提　　示 在老凤祥购买的饰品可以现场调整尺寸。

1848年

宁波郑氏家族创办老凤祥前身——凤祥裕记银楼。

1857年

因创始人病故，凤祥裕记银楼被转卖给宁波慈溪人费汝明。

1985年

上海远东金银饰品厂恢复启用“老凤祥银楼”招牌。

1999年

老凤祥成为中华人民共和国成立以来我国发行金条至上海地区的唯一经销点。

2008年

老凤祥金银细工制作技艺被列为国家非物质文化遗产。

2009年

老凤祥经过股权调整实现整体上市。

2012年

老凤祥在澳大利亚开设了第一家海外特许专卖店。

2014年

老凤祥位列“中国最有价值品牌500强”第106位，为所有入选珠宝品牌之首。

全聚德
全聚德起源店欢迎您
中國第一吃
天下第一

全聚德

皇城根下，市井街旁，雅俗共赏，源远流长

北京市 东城区前门大街 30 号

1979 年，北京和平门的全聚德烤鸭店，在周总理的指示下建成，荣登世界最大烤鸭餐厅之首。然而，全聚德烤鸭的历史要追溯得更早。有时，苦难是命运向我们投掷的橄榄枝，而成功的秘诀在于我们如何优雅地接住它。或许，那位正在忍受饥饿的 15 岁少年，永远无法想象，他会创立一家在全国享有盛名的店铺，并且在 150 年后的今天依然屹立不倒。

老铺 / 老匾 / 老生意经

德字少一横，这并非秀才笔误，而是自先秦以来德字的正规写法，有横的德字从唐代才开始出现。

道光十四年，5 岁的杨全仁因家乡冀州遭受黄河水灾，前往京城寻找出路。他在一家养鸭场勤奋工作，积蓄钱财。一天，他看到一家卖干果的小店，心生盘下来做烤鸭生意的念头。没想到这个愿望很快实现了。这家位于老北京前门的店原名“德聚全”，杨全仁请风水先生算了一卦，得到了最佳方案：将原名倒过来，一字未改。这样不仅“全”字和杨全仁的名字相符，还完美体现了他的经商理念——“以德为重”。

鸭票

一座繁华京城里历经一百五十多年的老店，自有其独到之处。杨全仁去世后，由外姓人李子明接手，他感念信任，关怀老东家。在面临财政危机时，李子明创造性地引入“鸭票”，类似于现今的电子券，凭此可品味美味的烤鸭。这一创新让全聚德烤鸭成为京城礼尚往来的“硬通货”，满足了上流社会的需求。李子明也未忘普通老百姓，设立了特价鸭售点，让贫困乡亲也能品味美味的烤鸭。这种坚持公平与品质的精神，让全聚德烤鸭在历史长河中保持着卓越地位。

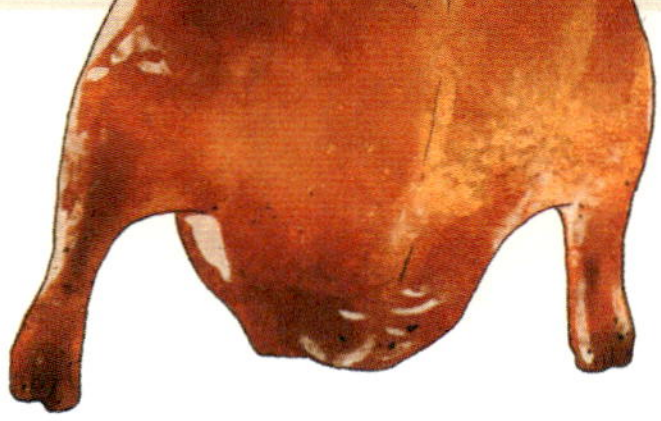

老手艺

卖烤鸭不是杨全仁的目标，彼时京城的烤鸭店可不只有全聚德一家，他深知只有好的味道才能留住食客的心。

在京城，有一位从御膳房出来的孙师傅，曾在包哈局为皇帝掌厨，擅长烤鸭和烤猪。杨全仁得知后，不惜重金聘请了他。孙师傅不负所望，不仅带来了挂炉烤鸭的秘技，还不断改良创新，在烤制过程中可以不断续进生鸭，大大提高了烤制效率。

全聚德选用生长周期为 27 天的北京填鸭做鸭坯，其体形丰满，肉质细嫩，脂厚肥美，尤其适合烤制。炉内以果木为燃料，将鸭坯挂在特制的烤炉中用明火烤制，整套工艺经历吹气、烫坯、打色、晾坯、灌汤等 31 个环节才能出炉。这样做出的烤鸭不仅色泽红亮，皮酥不腻，而且没有焖炉烤鸭的烟火味。

老吃法

全聚德烤鸭的吃法讲究，最佳赏味时间是鸭肉上桌后的 5—10 分钟。传统吃法是用筷子夹起片好的鸭肉，蘸上甜面酱，配上葱丝或黄瓜条，卷在荷叶饼中，满满地塞入口中，享受层次丰富的味觉盛宴。不嗜甜的人可以选择用鸭肉蘸蒜泥和酱油，别有一番风味。鸭皮则可以单独享用，蘸少许白糖入口，体验糖油混合物带来的超级满足感。京师美食，莫过于鸭。

烤鸭片：热片 108，肥而不腻

荷叶饼：软硬适中，薄可透光

甜面酱：天然发酵，均匀细腻

葱丝：章丘大葱，葱白长，甜味多

黄瓜条：水分饱满，清脆爽口

全聚德凭着这一只只香酥味美的烤鸭跨越了三个世纪。中华人民共和国成立之后，全聚德烤鸭在周总理的外交上出尽风头，全鸭席也一度成为国宴。全聚德也将周总理对店名的诠释奉为时刻坚守的准则。可以说，全聚德已经成为一个符号，得到了老北京人甚至所有中国人的认可。那些选择在全聚德吃烤鸭的人们，仿佛频频向历史回眸。

全聚德

国家级非物质文化遗产

北京东城区前门大街 30 号

创建时间	1864 年
营业时间	16:30—21:00
人均消费	180 元
提　示	全聚德展览馆设在全聚德和平门店内七层，每周二到周日的 10:00—18:00 可以免费参观。

1864年

第一家全聚德烤鸭店在北京前门大街开业。

1901年

杨全仁之子杨庆茂接手全聚德。

1912年

“军师”李子明加入全聚德。

1930年

杨庆茂去世，弥留时将全聚德托付给李子明。

1952年

全聚德公私合营，杨全仁的第四世孙杨福来留任副经理。

1954年

周恩来在日内瓦会议期间用全聚德烤鸭招待戏剧大师卓别林。

1997年

全聚德食品厂建成，对生鸭进行集中采购和处理。

2008年

全聚德为北京奥运会提供烤鸭菜品。

2014年

全聚德展览馆正式开馆，对外展示全聚德的百年历史。

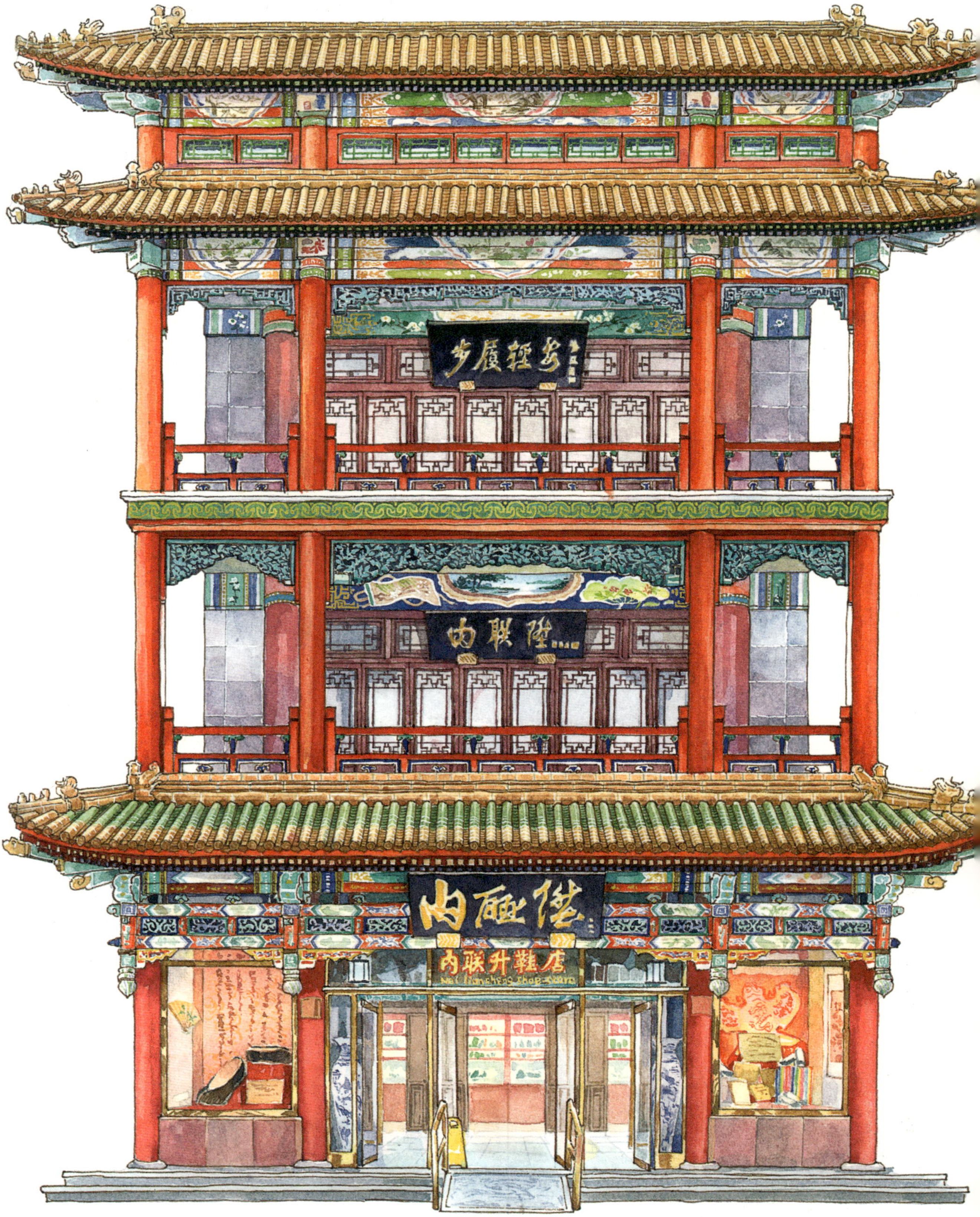
内联升鞋店
Nei Liansheng Shoe Store

内联升

百年“千层底儿”，浓浓人情味儿

北京市 西城区大栅栏街 34 号

客户定位精准，名字也直白应景，寓意在大内官运亨通、连连高升。

清朝的北京城是个富贵地界儿，随便往街上这么一走，说不定就会碰到几个达官显贵，皇城根儿可不是能随便叫的。但北京城也极富有人情味儿，不管是去那商贾云集的前门大街，还是人声鼎沸的大栅栏听听唠家常般的吆喝声，哪怕是走到犄角旮旯的胡同里，那一声声热情的邻里问候也让人倍感亲切。

不过要说到人情味儿，就不得不聊聊这家专门做鞋的老店，虽然历经沧桑，仍然有着满满的人情味儿，它就是内联升。

从朝廷之地到大栅栏

内联升最早的店面在北京东江米巷，也就是现在的东交民巷，那是明朝以来朝廷专门接待外国使者的地方。有了丁将军的入股和打点，再加上赵廷的精湛手艺和管理能力，内联升在东江米巷一开就是 47 年。

初创被焚

但这一切在 1900 年戛然而止，八国联军一把火烧了东江米巷，皮之不存，内联升也未能幸免，全部家当毁于一旦。

再创遭劫

赵廷没有放弃，他四处筹措资金，重整旗鼓，再次开业。然而不到两年，袁世凯北京兵变，内联升在动乱中被搜刮一空。年近古稀的老掌柜赵廷受此重创，不久便撒手人寰。

东郊民巷

重归安定

历经两次劫难，赵廷的儿子赵云书将内联升的店面搬到了廊坊，一直是前店后厂模式的内联升也不再遵循旧制，把厂房安置在离店不远的北火扇胡同。直至 1956 年公私合营，内联升几易其址，最终于 1958 年迁址到如今的大栅栏。

爷不爷，先看鞋

在那个时候，即便是皇城根儿下，鞋子和衣服比较而言，也属于“奢侈品”，衣服还有蔽体遮羞的作用，而对于贫苦百姓来说，穿不起鞋的大有人在。而鞋子的样式和质量，也决定了穿鞋人的身份和地位。

朝靴属于清代公务员的工鞋，老百姓是不能随便穿的。样式类似我们今天穿的厚底及膝靴，一般用缎面做鞋面，有着32层厚厚的布底，但很轻盈，前薄后厚，鞋头或尖或方。同样是朝靴，依据官员品级也有所区分。

VIP 客户档案

早在给官员定制朝靴时，内联升就考虑到了客户的需求，把服务做到了极致。只要来过内联升买鞋的客人，下次再来光顾，完全不用告知自己的鞋号、脚型以及个人喜好，甚至不用到店即可做好送到家里，因为这些要求都已经被内联升详细地记录在一本档案中，这就是《履中备载》。

姓名
职务
偏好靴履样式
定制日期
特殊要求
鞋码

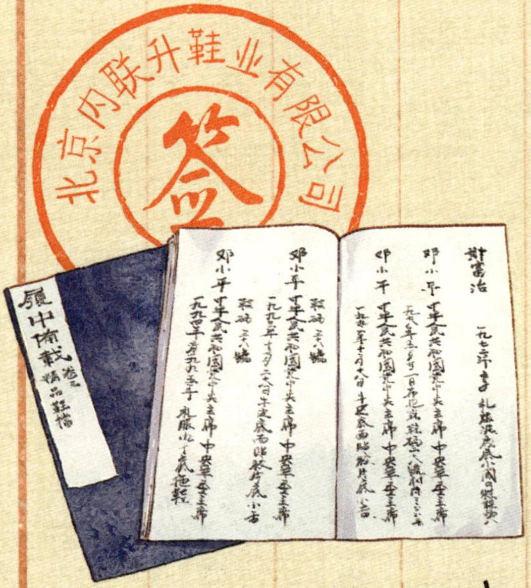

赵廷凭借这本国内最早的 VIP 客户档案把内联升经营得红红火火，并且在天津、大同和青岛相继开设了分号。

由于有这样一本档案，内联升定制的朝靴成为京城官员礼尚往来的佳品，进京赶考的举子也为恩师选购质量上乘的鞋子。许多人选择内联升的朝靴作为谢礼，因为它被视为最稳妥的选择。

互联网时代，收集数据变得非常容易，为了继续为客户提供贴心的服务，内联升决定续写《履中备载》，使用计算机 erp 系统，为高端客户量脚制鞋，自动下单。可以说，内联升找到了传统和现代营销组合的最佳方式。

“千层底儿”的诞生

内联升里不能不提的就是它的千层底儿工艺了，不管是制作过程还是用料，都体现出中国匠人风范。甚至直到今日，内联升的千层底儿制鞋技艺还是由老师傅口传心授给徒弟，他们将多年的经验和窍门倾囊相授给徒弟，而徒弟需要学习三年多才能出师。

1. 切底

先选用八成新的白布打袼褙，再把袼褙切成一片一片的鞋底，要切割得圆润不走样。

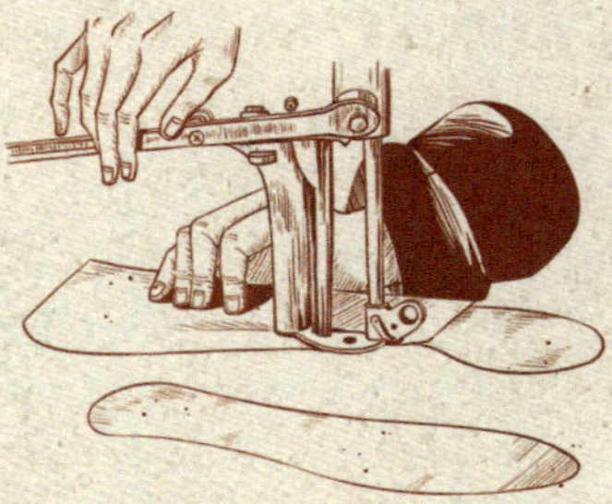

2. 包边

选用日本“亚细亚”牌的漂白布料，裁切成长宽一致的布条，涂抹糨糊后，把切割后的鞋底边缘包好粘住。

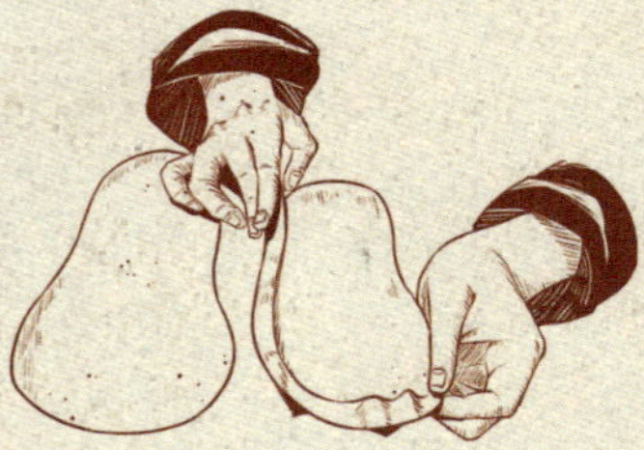

3. 圈底

将多层袼褙先前后少缝几针固定，再细细地缝上一圈，缝线和边缘的距离要一致，这样厚厚的千层底雏形就做好了。

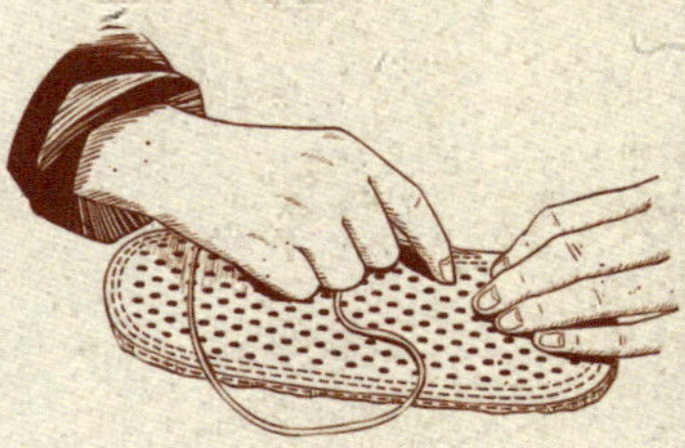

4. 纳底

麻绳粗，针孔细，每一针都需要用锥子扎孔再缝制，穿过后用力勒紧，就这样一锥一针，每双鞋底至少要缝 2100 针，平均每寸鞋底需要均匀缝制 81—100 针。

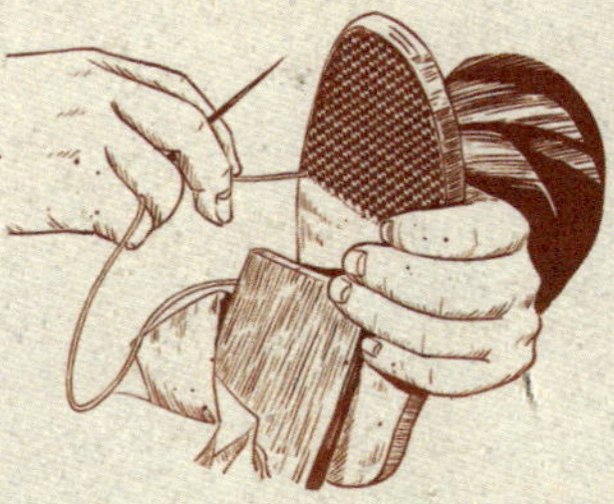

5. 锤底

鞋底一般有 32 层，纳好后经热水浸泡后，再用锤子锤平，这样的鞋底就不会变形了。

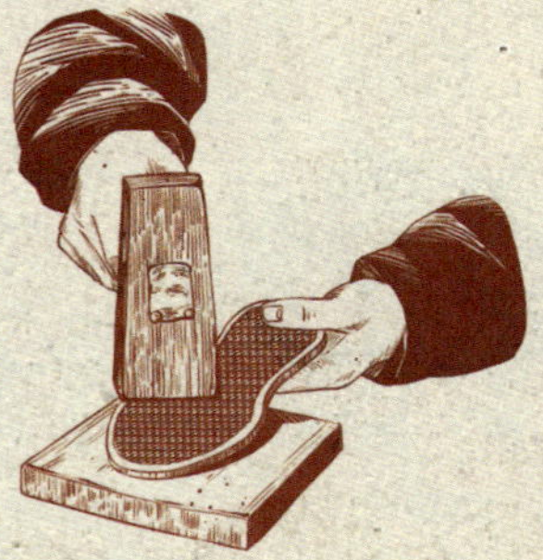

这样严苛、细腻的千层底儿制作工序，再辅以纯粹的用料，最终呈现出来的鞋子仿佛一件工艺品，不但耐穿耐磨、不起层、不走样，而且就算是汗脚的人穿也不会湿漉漉的不舒服。这是内联升匠人从心底捧出来的好东西！

在众多鞋履品牌中，内联升凭借真诚和创新脱颖而出。它以精湛的工艺、实在的材料和周到的服务赢得人心，同时紧跟时尚潮流。这双不老千层底儿也能一步一个脚印地稳稳前行。

1853年

内联升鞋店正式开始营业，主要为官员定制朝靴。

1900年

内联升在东江米巷的店面被焚毁。

1949年

中华人民共和国成立，内联升打破只生产男鞋的传统，开始增加女鞋生产线。

1956年

公私合营，内联升将店面搬迁至大栅栏街。

1976年

内联升开始生产和出售皮鞋。

2001年

内联升成为有限责任公司，员工成为内联升的股东。

2011年

内联升网上商城“尚履商城”开始营业。

国家级非物质文化遗产传承企业

北京市西城区大栅栏街34号

创建时间	1853年
营业时间	9:30—21:00
人均消费	435元
提　　示	内联升大栅栏店共四层，其中第三层是北京首家常年免费对外开放的非物质文化遗产展厅。

2012年

内联升制定“向时尚转型”的品牌发展战略。

2016年

内联升与故宫淘宝、《大鱼海棠》等IP合作推出布鞋产品，受到广大消费者喜爱。

2018年

内联升联手王者荣耀，推出李白、王昭君、大乔、小乔、诸葛亮共五款联名鞋款。

吴裕泰

一品裕泰香，百年儒商情

北京市 东城区东四北大街44号

晚清时期，北京城里茶馆尤其多，无论王公贵胄还是贩夫走卒，闲暇之余，都在茶馆里会聚一堂，闲聊国事家事。一家小小的茶馆，可以映射出历史的风云变幻和光怪陆离，也让我们感受到老北京人对茶的喜爱。“宁舍一锅肉，不舍一碗茶”，是老北京人的真实写照。

吴裕泰茶庄，有着一百多年的历史，一直到今天，还有很多北京人从小就光顾这里给长辈买茶叶，并且吴裕泰也成为东城人民最爱的茶叶品牌，这本身就是一个传奇。

无心插柳

传说同光年间，有一位吴老太爷作为随从跟随同乡举子赴京赶考，到了京城，举子忙着考试，吴老太爷闲暇之余拿出从家乡带来的茶叶感谢四邻的帮助，没承想受到盛赞。于是，他把剩下的茶叶拿到北新桥一处大门洞里售卖，没多久就被售卖一空。茶叶畅销，举子却落榜了，他留在京城继续苦读，吩咐吴老太爷回去拿些盘缠。吴老太爷回去之后倾尽全力收集茶叶，等再次来到京城就正式做起了茶叶买卖，如今吴裕泰茶庄总店的位置，就是当年的大门洞所在地。

这位“有心栽花”的举子和“无心插柳”的吴老太爷都来自徽州，中原人的多次迁徙让徽州接触和吸纳了不少儒家文化，自此后一百多年的经营过程中，吴裕泰体现出浓厚的儒商精神。

儒商品格

吴裕泰茶庄第四代传人张文煜，掌握着制茶绝技。1955 年吴裕泰茶庄公私合营，失去了独立采购权，所有茶叶必须统一从北京茶叶加工厂进货。为了继续为老百姓提供正宗的“裕泰香”，张文煜冒着巨大的风险对茶叶进行二次加工。至今，吴裕泰对茶叶农残重金属的检测项目为 16 项，而满足国家标准只需要检测 4 项，可见吴裕泰人对“裕泰香”的付出与坚持。

而吴老太爷的第四个儿子吴锡卿，笃信佛教，不仅热心公益事业，还曾在灾荒年月施粥济世。直到他去世，人们才发现公益慈善事业几乎让他散尽家资。吴裕泰至今仍奉行这样的企业文化，对百姓的服务无微不至。

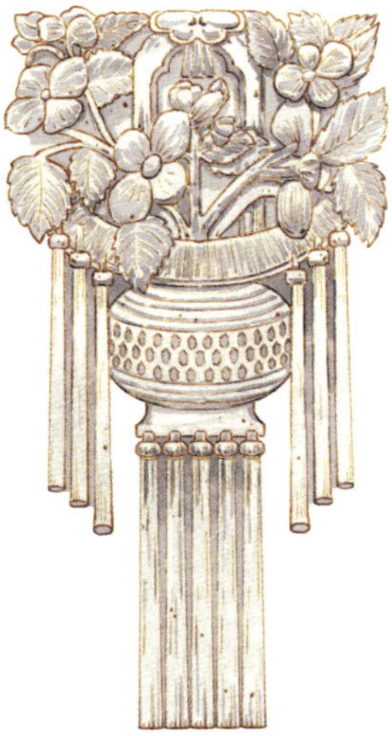

位于北新桥的吴裕泰总店，色调质朴，门旁多处石雕，工艺精美，与建筑融为一体，又如水墨画般清秀淡雅，透着徽派建筑的神韵。

梅花自寒出，裕泰香弥久

裕泰人的坚持与付出，茶客们感受最深。尤其是吴裕泰自拼的茉莉花茶，要经历包括茶坯制作、花源选择、鲜花养护、玉兰打底、窨制拼和、通花散热、起花、烘焙、匀堆装箱九道制作工序，制作周期长达半年。茶汤清澈、香气持久、滋味醇厚，被茶客们赋予“裕泰香”这样独一无二的名号。

1 自采

吴裕泰在安徽、福建、江浙等地有茶园，自家采摘所有茶叶，保证了茶叶品质。采摘时间讲究，通常在清明前和谷雨前后。

茉莉花茶使用适时采摘的花朵，严格遵循三不原则：上午不采、阴天不采、雨后三天不采。这样制作出的茉莉花茶香气适中、新鲜饱满。

2 自窨

花茶需要窨制，新鲜的茉莉花与茶坯混合后，经过温度、水分、氧气的共同作用，慢慢吐出香气。茶坯则将香味物质吸附，完成后再将花朵去除。茶坯由青涩转为浓醇，这是物理和化学的双重作用，也是时间的礼物。

3 自包

如今吴裕泰的茶叶品类繁多，但除礼盒以外的包装还是延续了传统茶叶包法，两张纸，一根绳，经过十几个步骤的折叠整理，包好后品牌字号居中，拿在手里，是一份沉甸甸的传承。

老北京人爱喝茶，但北京的水质偏硬，而经过吴裕泰精心窨制的茉莉花茶丝毫不受水质的禁锢，成为京茶的典型代表。温婉坚韧的徽州文化和大气豪爽的京文化经过一百多年的浸润融合，幻化为中华茶文化的一朵奇葩。那一碗“裕泰香”不仅存于老一代人的记忆中，也早已在新一代人的心里生根发芽。

1887年

吴裕泰茶栈正式开张。

1997年

吴裕泰茶庄变更为吴裕泰茶叶公司，吴裕泰第五代传人孙丹威任总经理。

1998年

吴裕泰在北京平安大街开设第一家连锁专卖店。

1999年

吴裕泰在北京大望路开设第一家连锁加盟店。

2001年

吴裕泰与联想合作，搭建计算机统一营销管理网络。

2010年

吴裕泰成为上海世博会特许生产商，并入驻世博园，经营中国茶坊。

2011年

吴裕泰茉莉花茶制作技艺被列入国家级非物质文化遗产保护名录。

国家级非物质文化遗产

北京市东四北大街44号

创建时间 1887年

营业时间 7:30—20:00

人均消费 116元

提　　示 二楼设有茶文化陈列馆和茶艺表演，可以免费观看。

恒义诚

「百味」元宵「倔强」老铺

山西省 太原市迎泽区钟楼街高院钟楼街小区东南侧约 30 米

元宵，是一道节令美食，每当元宵节来临之际，太原的老城居民便会聚集在一家元宵店前，争相选购心仪口味的元宵，陶醉在热气腾腾的元宵香气中。这家备受喜爱的小店，坐落于太原市钟楼街，名叫恒义诚甜食店，专营各类手工元宵，被亲切地戏称为“老鼠窟元宵”。它即将步入百年岁月的行列。

老店换新颜

这家不起眼的元宵店已有八十多年的历史，直至 2021 年钟楼街的翻新。恒义诚进行了重大改造，店铺扩展至两层，门头上一层“恒义诚”，二层则是“老鼠窟元宵”。店内保留了古色古香的红柱青砖装潢，门口摆设着元宵制作工具雕塑，仿佛在诉说着元宵背后繁复的制作工艺。

位于一楼西侧的厨房窗明几净，客人们可以一边等待一边观看元宵的煮制过程，让人倍感踏实。

走进大堂，视野开阔，空间足够容纳 30 多位食客同时就餐。

从早上开门营业到晚上打烊，煮元宵的师傅就没有闲下来的时候，食客盈门，让人欢喜也让人疲惫。好在来这里就餐的人们都深谙“好饭不怕晚”的道理，极有耐心。

百年元宵的“秘密”

老鼠窟元宵其实并没有太多花哨的口味，元宵的主馅料仅有桂花、芝麻、玫瑰、花生四种，但是，近百年来却令无数食客难以割舍。这一碗平平无奇的元宵背后，隐藏着老店和食客的秘密。

“倔强”的元宵

元宵的制作并不十分复杂，但要求材料的高品质、制作过程的高标准。在商业化潮流席卷的今天，老鼠窟元宵不仅保持了高品质，还“倔强”地保留了许多熟悉的元素，这让许多食客感到亲切无比。

★ 前店后厂

“老鼠窟”依旧坚持着经典的前店后厂经营模式，将销售与生产环节紧密相连。

★ 仅此一家

没有连锁店和加盟店，甚至连网店也没有。

老鼠窟元宵
经典包装袋

★ 包装简单

简装元宵仍然是多年来使用的硬质塑料袋，朴实无华。

★ 不重营销

没有刻意地宣传，更没有醒目的广告，只有节日里大排长龙的忠实客户。

“倔强”的食客

如今，每年的元宵节前后，恒义诚甜食店门口都会排起长龙，人们纷至沓来，甚至有人会在凌晨 4 点起床，冒着寒风前来排队。这些“倔强”的食客们，就像 95 岁的老鼠窟元宵一样，坚韧不拔。对于许多太原老城区的居民来说，老鼠窟元宵几乎成了春节美味的代名词；对于年轻人来说，吃上一口老鼠窟元宵是开始新学期的仪式；而对于那些远离故土的太原人，老鼠窟元宵则是一份思乡之情的滋味。

这样一家朴素的小店，承载的是几代太原人的回忆。老鼠窟元宵不仅是节令美食，也是年年岁岁相生相伴的家乡味儿，更是人生的百般滋味。希望它能继续为太原人的生活增添一抹甜蜜，“倔强”地走下去。

1928年

申友在太原按司街、钟楼街等地摆摊儿卖元宵。

1937年

申友接下亏损严重的恒义诚肉铺，并改为“恒义诚甜食店”。

1956年

老鼠窟元宵变更为全民所有制企业。

1984年

恢复“恒义诚甜食店”老字号招牌。

1996年

老鼠窟元宵被国家商务部授予“中华老字号”称号。

2009年

老鼠窟元宵入选山西非物质文化遗产。

2021年

老鼠窟元宵重装开业，引爆钟楼街。

山西省非物质文化遗产

山西省太原市迎泽区钟楼街高院钟楼街小区东南侧约 30 米

创建时间	1937 年
营业时间	10:00—20:00
人均消费	49 元
提　　示	正月十五排队的人太多了，可以提前几天买。

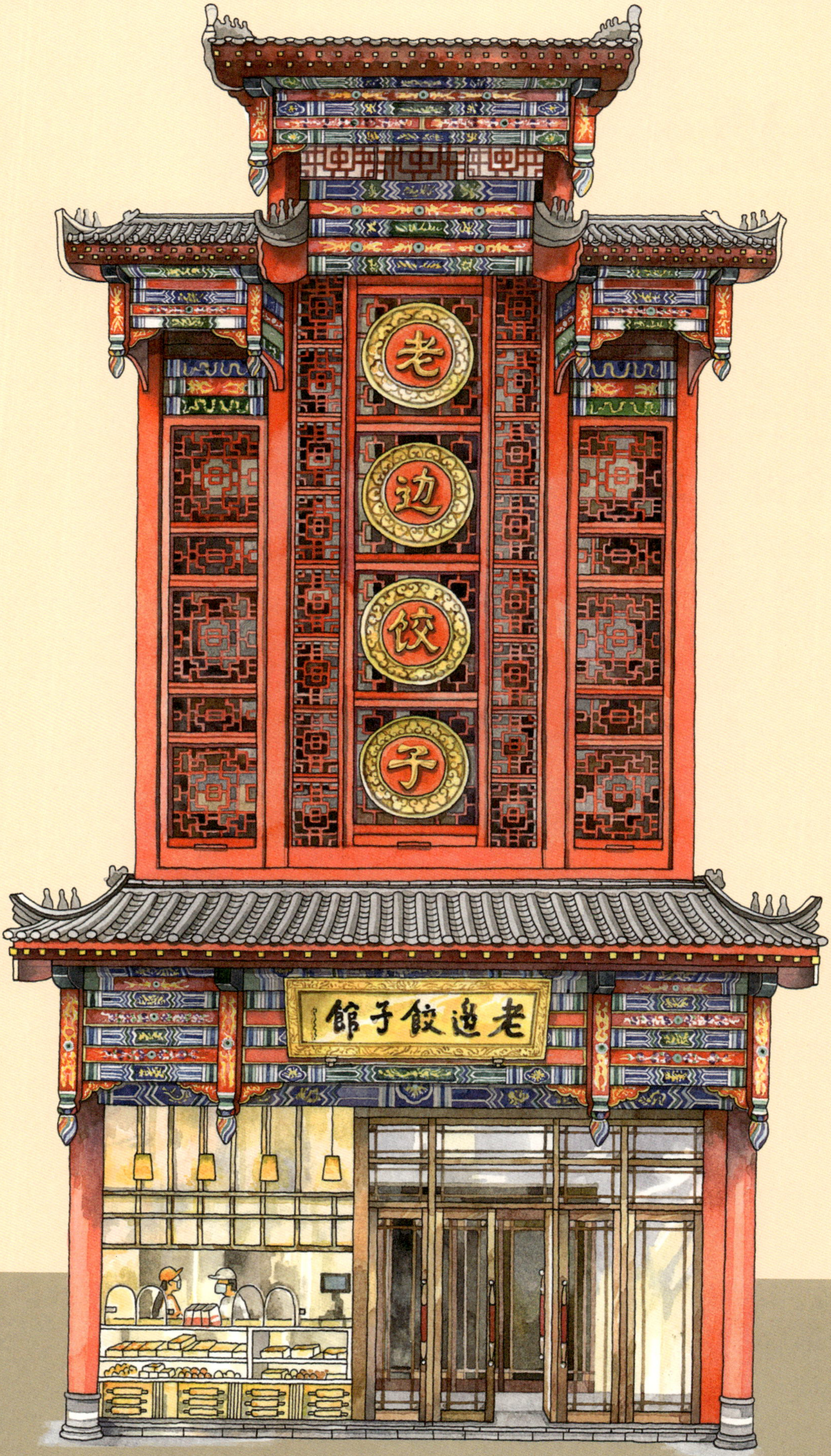
老
边
饺
子
館子餃邊老

老边饺子馆

风雨飘摇二百年，煸馅儿饺子薪火传

辽宁省 沈阳市沈河区中街路 208 号

沈阳在 1626 年清太宗皇太极登基后，迎来了它最辉煌的时刻。商市中的四平（即今中街）充满了各种高档商铺，生机勃勃。然而，大多数商铺在历史的风云变幻中消失无踪，早已不复存在。然而，有一家饺子馆却奇迹般地屹立在这个繁华区中心，经受了二百多年的风雨洗礼。它就是老边饺子馆。

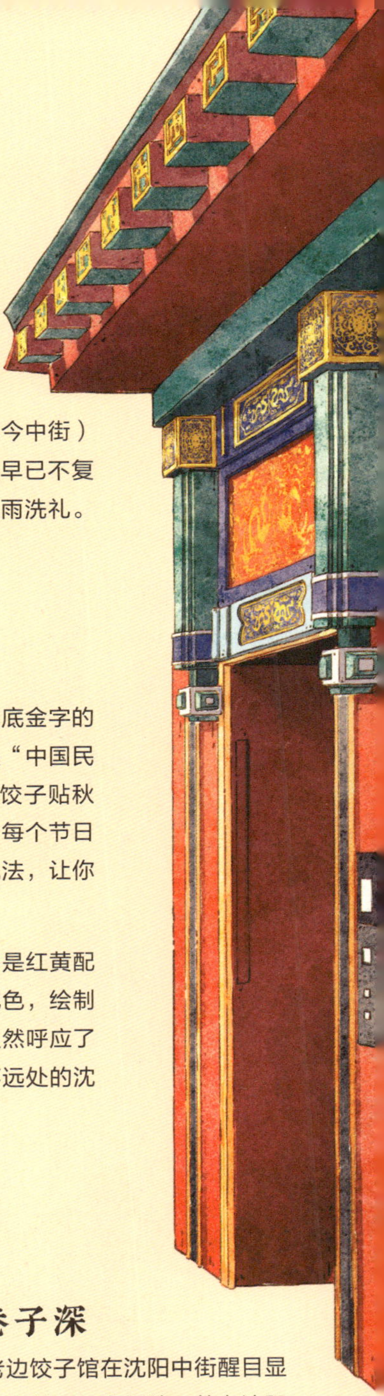

知食俗 赏文化 品美味

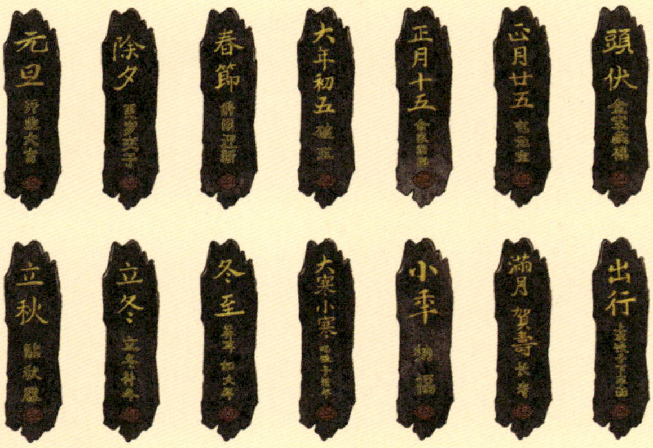

一入店门，一溜黑底金字的牌牌映入眼帘，原来是“中国民间食饺时节”，立秋吃饺子贴秋膘，小年吃饺子纳福，每个节日或者节气，都有它的说法，让你吃个明白。

店内宽敞大气，多是红黄配色。天花板多用蓝绿配色，绘制着吉祥的云纹。这些显然呼应了满族的习俗特点，与不远处的沈阳故宫相映成趣。

饺香不怕巷子深

尽管如今的老边饺子馆在沈阳中街醒目显眼，但初创之时，它甚至没有招牌。就在沈阳小东门小津桥护城河岸边，人们用木板搭建了一个简陋的摊位，上面挂着一块帷幕，就这样开业了。如今的中街总店内还保存着当年的场景，低矮的木桌曾聚集着老边饺子的第一批食客。这个场景让人仿佛穿越回了历史。

馅儿里有乾坤

老边饺子的吸引力源自其独特的煸馅儿秘诀。传闻在清朝道光年间，河北任丘的一位名叫边福的老汉开了一家饺子馆。那年，饥荒与苛捐杂税不断困扰老百姓，许多人纷纷离开家园，寻找新的生活机会。边福也决定前往关东寻求改变。

一天，他在山东偶遇一个农家，正值老太太的寿辰，那家人端上一碗饺子招待他。边福尝了一口，惊讶于其美味。他急忙请教这碗饺子的独特之处。原来，这家人为了老太太的健康，先将肉馅煸炒熟再包入饺子中。这种方法既有助于消化，又增添了独特的风味。

就这样，靠着煸馅儿，边福把饺子做出了名堂。到了儿子边德贵接手生意时，煸馅儿已经被广为效仿。边德贵经过摸索钻研，将饺子馅儿的做法又提升了一个层次，研制出不易模仿的独家秘方——汤煸馅儿。

选材

猪肉只选择猪的前槽、腰盘和后丘三个部位，按比例入馅，将口感调整至最佳。

饺子馅里不能少了猪肉，老边饺子把肉馅按照肥瘦 3：7 或者 4：6 的比例进行配比，夏季偏瘦，冬季偏肥。

煸馅儿

调好的肉馅，先加姜片煸炒，再加上老边秘制高汤，文火慢慢煮将近一小时。这样油润的肉馅在汤里慢慢变得软糯不腻，松散适口，香味也更加浓厚。汤煸馅儿工艺是老边饺子的立店之本，也曾经是“传内不传外，传男不传女”的秘方。20 世纪 80 年代，煸过的馅料还可单独售卖，让食客们在家里就能吃上这一独特的味道。

应时应季

有了肉馅，还要加上配菜，这样的饺子才鲜美不腻。《黄帝内经》有“司岁备物”的说法，就是说要按照大自然的节令采备草药和食材，因为它们吸收天地之气，滋味醇厚，营养丰富。老边饺子深谙此道，应季选用不同蔬菜入馅，不变的是鲜美的味道。

初春：韭菜、大虾

盛夏：角瓜、冬瓜、芹菜

深秋：芸豆、黄瓜、甘蓝

寒冬：白菜

“顶尖”美味

在老边饺子馆，你不但可以品尝到得过金奖的饺子，还能品尝到曾经只有皇亲国戚才有机会品尝的“宫廷菜”，简直是味觉的“顶尖”享受。

冰花煎饺

选用上等的虾仁、韭菜和鸡蛋入馅，将包好的饺子放入锅中加淀粉煎制，每一只饺子都焦黄喷香，连成一片均匀洁白的“冰花”，堪称完美。

满族八大碗

满族八大碗是满族宫廷宴会常见的菜式，它汇聚了扒、焖、酱、烧、炖、炒、蒸、熘等烹饪手法。老边饺子既让顾客品尝到多种菜式，又解决了量大浪费的问题。

御龙锅珍珠饺

据说这是皇太极曾经喜爱的美食，在年三十儿的晚上和大臣们一起品尝。一只画着蟠龙的酒精锅内，上下翻滚着 25 只小饺子，饺子皮一共用 50 克面粉，可见其玲珑。沸腾景象寓意蒸蒸日上，特别适合家庭聚餐食用。

老边饺子浓缩了沈阳这座城市的历史，有着北方劳动人民的智慧和朴实。今天，老边饺子不仅在国内开枝散叶，还将足迹延伸到日本和东南亚等国家。能够想象，中华民族的美食文化将由这些皮薄肚饱、松散易嚼、鲜香味美的饺子们传遍全世界。

1829年

边福老汉在沈阳小东门小津桥护城河岸边做起饺子生意，当时并没有店名。

1940年

老边饺子在沈阳的市场商业区落户，第三代传人边霖正式将店铺命名为“老边饺子馆”。

1956年

老边饺子实现公私合营，边霖担任私方经理。

1979年

老边饺子从“五七饭店”的阴影中走出，恢复原名。

1984年

老边饺子完成商标注册。

1997年

崔韬成为老边饺子的总负责人。

辽宁省沈阳市沈河区
中街路 208 号

创建时间	1829 年
营业时间	10:00—24:00
人均消费	72 元
提　　示	吃完觉得意犹未尽的，店里有生饺子可以打包。

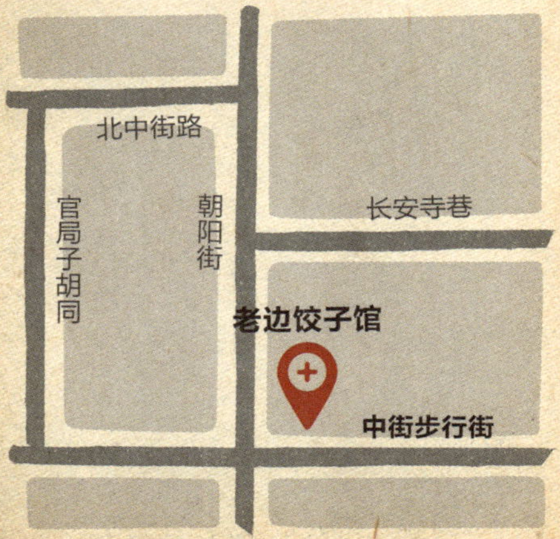

2006年

老边饺子被国家商务部认定为“中华老字号”企业。

2010年

老边饺子被沈阳市民评为“最受欢迎的饺子品牌和饺子餐馆”。

耿福兴

融南北食俗，迎八方来客

安徽省

芜湖市镜湖区凤凰美食街10号楼

耿福兴，这个名字仿佛敲响了一扇古老的木门，它缓缓打开，一位店小二穿着朴素的老布鞋，热情地迎接着到访者。这家餐厅专营芜湖本帮菜、淮扬菜、徽菜以及传统耿福兴特色小吃，实际上早在光绪年间就开始经营，已经拥有了一百三十多年的悠久历史。它扎根并茁壮成长于这座“半城山半城水”的城市，自如地释放着诱人的鲜香与温暖，吸引着食客们前来品味。

码头面馆的前世今生

安徽芜湖，位于长江南岸，与青弋江交汇。水域丰富，因水而兴盛。江水奔流，南北客商如潮会聚于此，商谈交易，品味美食。1888 年，来自扬州的耿家兄弟发现了这片商机，与芜湖的小面师傅韩光远、酥烧饼师傅严开银一同创办了一家名为“耿福兴饺面馆”的小店。

然而，在 1997 年，因经营不善，耿福兴老店被迫关闭。现任掌门人高述红毅然挺身而出，用尽心血，于 2002 年将耿福兴重新引入芜湖最繁华的凤凰美食街，再次让钟爱耿福兴美食的食客们品味到这些珍馐美味。

循着香味来到位于凤凰美食街的耿福兴总店，白墙灰瓦的徽派建筑淡雅朴素。大堂内宽敞明亮，朱红的桌椅衬着黑色木框的灯笼，更显庄重。墙上装饰着一些书法作品以及水墨画，传递出一股江南气韵。尤其有八个大字分外显眼，“童叟无欺，货真价实”。也正因此，很多老店的追随者不惧奔波赶来吃早餐，面带欣喜地回忆起儿时就很爱吃的耿福兴招牌吃食——虾子面、小笼包和酥烧饼。

耿福兴“三绝”

耿福兴招牌的三道传统小吃，现已全部入选安徽省非物质文化遗产名录。集南北食俗之大成。

汤清味浓虾子面

虾子面融合了北方劲道的手工面和南方长江里的青虾子，鲜美异常。

- 面汤：选用上等猪筒骨，经过师傅文火熬制一夜，没有多余的油脂，汤“鲜”味浓。
- 小刀面：需要将面皮反复揉搓，再用小刀切成如铜丝般粗细的面条，软糯弹滑，下锅前新“鲜”现做。
- 虾子：1000 克虾最多收集 50 克虾子，其是虾子面的精华所在，虾子与高汤融合，一口下去，“鲜”掉眉毛。

咸香皮薄小笼包

小笼包则弱化了江南地区的偏甜口味，增加了北方喜爱的咸味，外皮极薄，馅料咸香，汁水丰沛。

若整只吞下，鲜美的汁水瞬间溢满口腔；或者先将包子咬破，吮吸汤汁，再蘸香醋入口，又是另一种味觉体验。

层层香脆酥烧饼

酥烧饼将北方烧饼的随性粗犷与南方面点的精致小巧相融合。外形更加圆润小巧，颗颗白芝麻缀满酥皮，入口酥香，酥而不腻。

生坯做好后，放入 40℃——50℃ 的土围炉熏烤 5——6 分钟，成就了烧饼的“蟹壳黄”。

作为芜湖小吃代表的耿福兴，背后是芜湖这座码头城市展现出的开放和包容。一百多年前，它用悉心制作的美味小吃殷勤地招徕着码头南北往来的客商，满足八方食客们那挑剔思乡的味蕾。如今，已经接待过一百三十多个国家使节的耿福兴，将继续为国际交流和文化融合做出贡献。

1888年

耿氏兄弟和人合伙售卖小面和酥烧饼。

1956年

耿福兴实行公私合营，归芜湖饮食服务公司管理。

2006年

国家商务部认定耿福兴为“中华老字号”。

2010年

耿福兴酥烧饼制作技艺入选省级非物质文化遗产名录。

2014年

央视《舌尖上的中国》将耿福兴虾子面的制作过程拍摄记录，并全球传播，引起轰动。

安徽省芜湖市镜湖区凤凰美食街 10 号楼

创建时间　1888 年

营业时间　6:30—14:00，17:00—21:00

人均消费　46 元

提　　示　店内的虾子面一定要趁热品尝，放凉会影响风味哦！

2016年

耿福兴虾子面被国家文旅局认定为“国家首批金牌小吃”。

2017年

耿福兴参与哈萨克斯坦阿斯塔纳世博会，其翡翠烧卖和桂花糖酥烧饼被评为金奖产品。

2021年

耿福兴小笼汤包、虾子面、翡翠烧卖制作工艺规程被列入芜湖市地方标准。

同利肉燕

千锤百炼 一碗平安

福建省 福州市三坊七巷文化街区南后街 98 号 B 区

三坊七巷是福州的旅游胜地，包括文儒坊、衣锦坊在内的多处建筑都是由文人士大夫们自己建造的。在明清时期，三坊七巷是达官贵人的往来居住之地。坐落在三坊七巷的同利肉燕老铺已经有一百四十多年的历史，“同利”二字讲究的是“同德利后”，展现了这家老铺一百多年来的商业理念。从最开始把制作好的肉燕皮售卖给官宦家的私厨，到如今每天售卖肉燕高达 3000 斤，它和三坊七巷一起，见证着福州历史的变迁。

老店藏玄机

如今的同利肉燕老铺虽不是一百多年前的创始店铺，却是在三坊七巷内澳门路的老店原址上重新开业的，掌门人陈君凡也希望通过这种方式能够让人们品尝到记忆中熟悉的味道。

老铺的装修极尽仿古。黑色的墙壁和匾额尽显历史的厚重。大门仅能容纳双人并排成行，甫一进入，豁然开朗。屋内地板桌椅多数为木质，装饰的木门雕有菱格，脚下地板斑驳，抬头仰望，简洁的宫灯映照着上方深色的雕花廊柱，就好像穿越到了晚清。

仔细观察，店内可以就餐的桌子有两种，一种是平常的方桌，另一种很特殊，像古树的树墩，平整却有着道道划痕。原来，这就是制作燕皮第一道工序用到的工具——荔枝木砧板。上面的道道痕迹就是锤打肉燕皮时留下的。可以说，一碗碗鲜美的肉燕就是从这块砧板上诞生的。

对很多闽都人来说，肉燕是家乡餐桌上一道不可或缺的食物，不仅仅是因为它鲜美的味道，更是因为它美好的寓意。

从闽北到闽都

肉燕的出现非常偶然。据闽北浦县地方志记载，南宋户部尚书有一次宴请乡邻，家厨忙中出错，用半成品将错就错做出一道菜，口感如同燕窝。一时乡人纷纷效仿，争做“假燕窝”食用。光绪年间，这种做法传到闽都，受到食客盛赞。并且因其头圆、尾部交叠似燕尾，被称为“扁肉燕”。此时，同利肉燕铺创始人陈官燃开始把做好的干燕皮售卖给达官显贵和酒家食肆，生意十分兴隆。

鸭肫

粉丝

再入寻常百姓家

燕子亲人，吃害虫，次年会还巢，这些特点让闽都人民对燕子心存美好。渐渐地，肉燕出现在各种大大小小的场合，无论逢年过节，还是亲友家宴，炮制肉燕的大厨自由发挥，为烘托肉燕的滋味竭尽全力。肉燕也经历了从登堂入室到回归大众的过程。

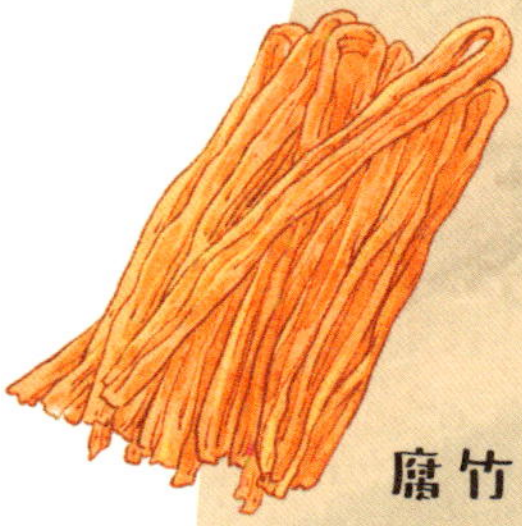

腐竹

吃太平燕 享全家福

一种重要食材的加入让肉燕的寓意彻底发生了改变。鸭蛋在闽语中称作“鸭卵”，发音为“压浪”“压乱”。闽地多山少田，或南洋谋生，或靠海吃海，海中行船，自然无风无浪为最佳。所以，加入了去皮煮熟鸭蛋的肉燕摇身一变，成了太平肉燕，又叫“太平肉宴”，是宴席上的压轴大菜。

香菇

鸭蛋

“千锤百炼”肉燕皮？

这样一碗口感、寓意双绝的太平肉燕，制作起来颇费功夫，肉燕好不好吃，全看一张燕皮。同利肉燕老铺的燕皮必须中午前制作完成，最大限度避免温度对整个制作过程的影响。为了让更多的人了解肉燕的制作，陈君凡一有机会就在店门口展示起打燕皮的本事。

选材

为了保障燕皮的新鲜，要清早选取上等猪后腿肉，每块约 2.5 斤。

锤打

把肉块放在荔枝木砧板上，用一只手拿 3 斤重的荔枝木锤反复锤打，另一只手则要配合木锤的敲击整理猪肉，让猪肉的纹理质地重塑。

擀制

将锤好的肉泥放在案板上，因为木薯粉的加入，在一遍遍被擀扁的过程中，肉泥变得更加柔韧，每一轮要经历碾、压、擀、拂、拍、折等多个步骤，一番操作下来，这块肉泥竟变成只有 2 毫米厚的面皮，再切成 3 寸见方的燕皮，可以保存半年。

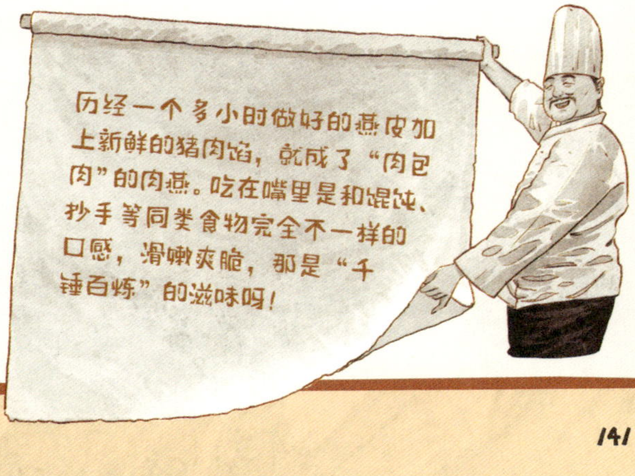

一把燕锤的传承

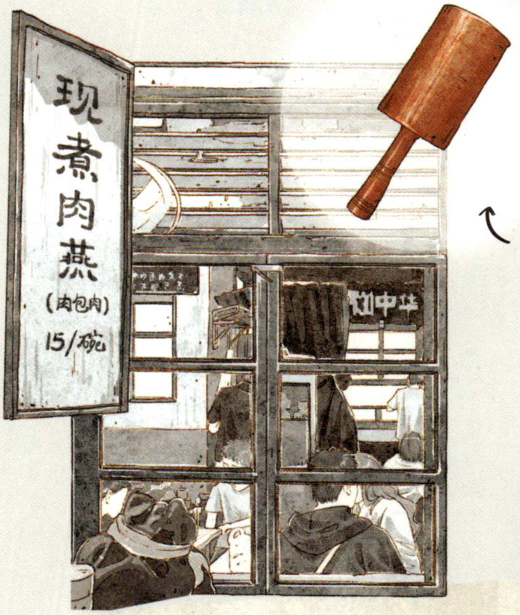

干燕皮的制作不仅仅是视觉上的享受，更是听觉上的盛筵。生活在福州的老人们，儿时最熟悉的声音就是那一下下的木锤声，时大时小，时快时慢，快时像激进的进行曲，慢时像悠扬的摇篮曲。

陈君凡从 12 岁拿起木锤，一拿就是五十年，他热爱这份事业，并且积极传播这项非遗技艺。陈君凡曾经多次赴海外表演干燕皮的制作过程，很多儿时离开家乡的老人向他表示真诚的感谢，因为他让老人们再一次听到了熟悉的“乡音”。

陈君凡的女儿陈燕君，是一名热爱音乐的 80 后女孩，曾经的梦想是成为一名专业的架子鼓鼓手。但是，在2005年，她毅然放弃自己的梦想，致力于同利肉燕老铺的经营和传承。

放下鼓槌，拿起木锤，需要勇气，也需要对中华老字号文化的坚定责任感。

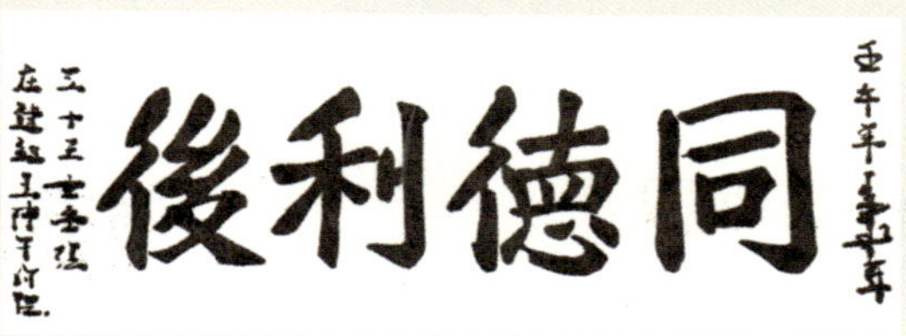

这家百年老店最显眼的装饰就是大大的“同利”二字，它来自陈氏家训的“同德利后”。只有坚守共同的商业道德，才能在利益上有所收获。陈君凡至今仍然真切地记着 12 岁时父亲对自己的教诲，做生意要先利人后利己。

一碗太平肉燕，寄托着国泰民安的美好祈盼，承载着海外游子的思乡情怀。经过五代人的努力，一个小小的作坊，已经走出福州，走向世界。一只只圆滚滚的“肉燕”也展翅飞向全球的每一个角落，成为传播中华文化的特殊使者。

同利肉燕

中华老字号　省级非物质文化遗产

福建省福州市三坊七巷文化街区南后街 98 号 B 区

创建时间　1876 年

营业时间　7:30—22:00

人均消费　20 元

提　　示　除了肉燕，店里还有单独用燕皮制作的燕丝汤，别忘记品尝哦！

1876年

同利肉燕创始人陈官燃设店营业，主营干燕皮。

1982年

同利肉燕老铺重新开业，陈君凡成为第四代掌门人。

2005年

陈燕君放弃热爱的音乐事业，接手父亲的同利肉燕老铺，成为第五代传人。

2007年

“同利肉燕制作技艺”被评为省级非物质文化遗产保护项目。

2009年

同利肉燕第四代传人陈君凡利用福州市政府奖励的扶持基金，对老铺进行翻修。

2011年

位于福州市晋安区的“中央厨房”建成，同利肉燕老铺向现代化企业更进一步。

2017年

同利肉燕开通网上售卖业务。

盘飧市
盘飧市
中华老字号
豬肉還是豬肉香
百菜還是白菜好

盘飧市

老卤传百年 小食慰客心

四川省 成都市锦江区华兴街 62-63 号

有这样一家专门经营卤菜的老店，备受成都本地人的拥趸，却鲜少被外地食客知晓，它就是盘飧市。老店的名字取自杜甫《客至》中的一句诗：“盘飧市远无兼味，樽酒家贫只旧醅。”“飧”由夕和食字组成，意为晚饭，也指用盘子装的食物。也许是联想到杜甫曾在成都生活四年，以此作为纪念；也许是以诗意自谦，让食客多多包涵。

诗文起意

名字虽有古意，店面却宏伟气派。深浅不一的灰色为主体的外墙，上面雕刻着各式花纹，镂空的长方形金属背景上是三个白色大字——盘飧市，整个建筑既有古韵又不失现代气息，显示出一种古今交织的微妙平衡。

店面上的白色店名——盘飧市

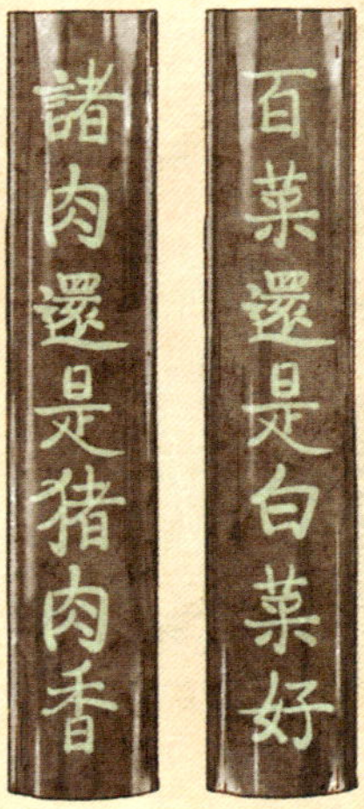

店门口的楹联，透露出一股诙谐以及朴素的人生观。

卤水源头

川卤有着悠久的历史，起源于战国时期。李冰父子在修建都江堰后，开始生产井盐，为川卤的发展奠定了基础。卤水的独特之处在于，它能赋予各种食材不同的风味，盘飧市的卤味多达 16 种，其中一锅传承百年的老卤水成为镇店之宝。这些原本不起眼的“零件”，一旦浸泡在卤水中，便化身为令人垂涎欲滴的美食。

老主顾们排队购买心仪的食物——鸭舌、鸡翅、兔头。

好味得人心

盘飧市内墙上陈列着众多戏剧演员的老照片，他们穿着戏服、画着戏妆。这源于盘飧市对面的锦江剧院，一百年前它叫作悦来茶园，而茶园的老板冷远锋正是盘飧市的创始人之一。冷远锋将茶园的餐单引入盘飧市，并在戏台前的玻璃板上打上了盘飧市的广告。很快，盘飧市就战胜了之前成都卤味市场的大哥大厚德祥，然而最吸引食客的依然是美味的卤味。没有一锅能够征服众多戏院发烧友胃口的卤水，相信连冷老板也不敢轻易开门营业。

川广交融

盘飧市的创始人之一曾在广东工作生活过，遂将广式卤味的“甜味”加入，适度融合后的味道香而不辣。

卤水既有川卤的香辣，又有广卤的酱香、腊香和酒香味，温和醇厚。

三卤一炒

盘飧市的卤菜大部分要经过五道工序。先将食材加入调料腌制入味，再用自制的卤汁均匀地卤制三次，最后把卤过的食材用锅炒制上色。经过这样的处理，菜品味道层次愈加丰富，令人回味无穷。

除了招牌卤味，盘飧市还有包子、卤肉锅盔、经典川菜，味道都可圈可点。包子限售并不是饥饿营销，而是师傅们到了下午才有时间制作。菜品不是特别丰富，主要为了配合卤味制作推出，但每一道都量足味美，口味醇正。

盘飧市由诗文而起，因味美让人铭记，多年来柜台内的嬢嬢淡然自若地招待着门外排队的顾客，不管名人还是普通百姓，都享受同样的服务。一百年盘飧市没有走出华兴街，不仅是出于对这些老主顾的情谊，也是对这块老字号招牌的爱惜。不管鸭舌、包子，还是卤肉、锅盔，就那样在每一个平凡日子里，抚慰着窗外等候的食客的心。

四川省成都市锦江区华兴街62-63号

创建时间	1925年
营业时间	7:30—22:00
人均消费	80元
提　　示	包子是下午3点开始限量售卖，记得早点去排队。

1925年

冷远峰、牟茂林、杨江汉共同创办盘飧市。

1992年

盘飧市的锅盔夹卤肉在成都美食节上被成都市人民政府授予“成都名小吃”的称号。

1995年

盘飧市被国家商务部授予“中华老字号”称号。

2000年

市美轩餐厅与盘飧市合并，盘飧市的中餐增加了市美轩的招牌菜。

2010年

盘飧市腌卤制作技艺被列为成都市非物质文化遗产。

奇芳阁

秦淮河畔名人访 夫子庙旁知味香

江苏省 南京市秦淮区夫子庙贡院西街12号

南京，六朝古都，绕城而过的秦淮河，为这座城市增添了柔美和丰韵。这条孕育了金陵文化的母亲河，激发了无数文人墨客的创作灵感，留下了千古传颂的诗词歌赋和文坛佳作。著名安徽籍作家张恨水的代表作《金粉世家》就是在这里创作的。在文学创作的间隙，他喜欢去附近的茶馆，坐在那里，凭窗观赏秦淮的风景，仿佛身临天堂。而在这些茶馆中，他最钟情的莫过于奇芳阁。

夫子庙旁待客

奇芳阁坐落在南京夫子庙的繁华地段——贡院西街。自古江南贡院就是人才聚集地，明清两代有一半以上的官员皆出于此。此地曾经开设了不少的酒楼茶社，却都如六朝烟云般散去了，唯有奇芳阁仍据守秦淮河畔，闪耀熠熠辉光。走入小巷，绿树掩映着奇芳阁的黑色招牌，深色的建筑和活泼的植物产生了鲜明的对比。二层高处的几盏红色长条灯笼也显得分外醒目，这样的映衬下，奇芳阁给人庄严又不失俏丽之感。

店内则完全不同，大面积的黄色让人眼前一亮。上方点缀的一个个黄色灯笼，让人一秒回到了桨声灯影里的秦淮河畔。旁边是招牌小吃档口，每个档口主营一种招牌小食，让来客眼里精致、嘴上满足。

秦淮八绝之首

另一侧的墙上是大幅的插画，绘制着民国时期店里营业场景，非常有生活气息。插画上面有关于秦淮八绝的介绍。秦淮八绝是南京市红白案大师共同评选出来的 16 种小吃，一干一稀算一套，有 7 家店入选，唯有奇芳阁独占两席，分别是四绝——鸭油酥烧饼、麻油素干丝、什锦菜包、鸡丝浇面。其中鸡丝浇面已经无缘再见，只留存在老南京人的回忆里。

淮河岸边

名门之秀

和很多百年老店不同，奇芳阁出身显赫。南京自六朝起就极重茶事，再加上秦淮河两岸听戏看戏、才子佳人的加持，空气里几乎都氤氲着茶香。因此，1920 年 6 月，当时的江苏省政府议员朱寿人寻得夫子庙贡院宝地，并和商会巨子章宸荫、商会评议李仰超合办茶馆，就是奇芳阁。

奇芳阁是一家清真茶馆，这在南京并不罕见。回族人对茶的品鉴有着独特的礼仪，他们不会拿掉茶碗盖，也不会用嘴吹去浮在茶面上的茶叶，而是用手持起托盘，另一只手轻轻拨开茶碗盖，只留下一处缺口，然后小心翼翼地品味。信仰伊斯兰教的回族人通常不使用非教内人的茶具，因此清真茶馆能够迎合各种食客的需求。

这爿茶馆分上下两层，有一百多张红木方桌，能同时容纳三四百人。屋里四壁设有吊屏，镶嵌名人字画，有岳飞手书的《出师表》、郑板桥的字画等。一楼大堂正中有一面高大的穿衣镜，凡来往客人皆驻足整理衣冠。镜子旁还有一副对联，“得山水情，其人多瘦；有诗书味，生子必才”，足见其风雅格调。

当时的茶馆里流传有这样一句谚语，“六朝居的楼堂大，得月台的做饮大，奇芳阁的势力大”。奇芳阁里每天往来的茶客都身份不俗，有商界名流、军政要员、社会贤达、文化名人，比如画家傅抱石、作家张恨水、报人张友鸾等，还有一些家境殷实的老茶客，几乎每日光顾，使用寄放在茶楼的紫砂壶，与友人一起悠然闲谈。

叠满的茶壶

茶点流芳

环境清雅，让奇芳阁迎来了众多身份显赫的客人，但真正让人光顾的，却是那些独具风味的茶点小吃。奇芳阁早年的茶点品种丰富多彩，从煮干丝到什锦蔬菜包再到各类酥烧饼，无不令人垂涎。朱寿人注重茶点口味，同时又追求薄利多销，这些美味又实惠的茶点不仅给食客留下了深刻印象，也为张恨水提供了不少灵感。

奇芳阁的伙计们拥有两项绝活。一项是将干丝切得细如发丝而不碎，另一项是双臂各持四大碗汤面，行走如飞而不溅汤汁。即便经历了日军侵华、店铺被毁、公私合营、茶馆变菜馆、洋快餐竞争等多次巨大的困难，奇芳阁依然坚守在夫子庙，保持着自己在南京美食界的地位。

奇芳三绝

今天，奇芳阁已经不再是一家茶馆，而是把茶点作为主营业务。除了不再销售的鸡丝浇面，秦淮八绝中的另外三道美食仍然静待食客品尝。

麻油素干丝

把一块干子片成12—14片，再切成均匀的细丝，用酱油、白糖、碎虾米放在料包里熬煮，撇去浮沫，再将泡好的干丝加入。时间的把控很重要，太短干丝发白，太长干丝发黑，只有干丝变成金黄色才是最合适的时间。

煮好后放入碗中，加上姜丝，洒入麻油，劲道的干丝配上麻油的香味，香味扑鼻。

什锦菜包

被赞叹道："一闻香就忍不住停下脚步"，这充分证明了菜品的色、香、味俱佳。

素包很常见，但奇芳阁把它做成了招牌。秘诀是选上好的青菜，和木耳、豆腐干、面筋、芝麻一起入馅，入口不仅有青菜的回甜，还有麻油的香味，上世纪的食客们曾赠名"翡翠"。

鸭油酥烧饼

咬在嘴里，听那酥脆的咔嚓声都是愉悦的。

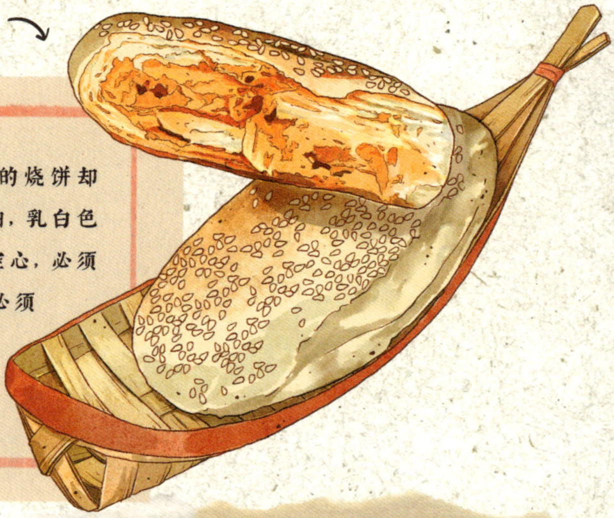

烧饼本是大路货，但奇芳阁的烧饼却不一般。一是要选纯正的鸭油，乳白色为上品；其次烧饼做好没有空心，必须是十成酥；再有两面的芝麻必须量要足，密密麻麻不留一点空隙。

奇芳阁以茶起家，却以茶点闻名。坐在二层观景台上，一边品尝茶点，一边欣赏六朝古都，幻想秦淮河畔画舫漂荡，才子佳人欢聚一堂。这些各有滋味的小食曾在一百多年前给予文人墨客、商界名流舌尖上的享受，如今也带给南京市民和四方游客难忘的体验。

江苏省南京市秦淮区夫子庙贡院西街12号

创建时间 1920年

营业时间 9:30—20:30

人均消费 37元

提　　示 你可以不相信景区的美食，但夫子庙的奇芳阁值得！

1920年

朱寿人等人创办奇芳阁，最开始用“新奇芳阁”命名。

1937年

奇芳阁的店铺毁于日军炮火。

1939年

奇芳阁在废墟上重建，第二年营业，但因物价飞涨艰难维持。

1949年

南京解放，奇芳阁得以正常营业。

1982年

奇芳阁在政府支持下进行翻修改造。

1984年

奇芳阁由茶社转型为专营小吃和饭菜的综合性酒楼。

1987年

“秦淮风味小吃研究会”评选奇芳阁的四道小食入选秦淮八绝，并独占两席。

吴招治薄饼

守家乡滋味 播同安文化

福建省 厦门市同安区银湖中路 153 号

同安，厦门六区之一，尽管地不广，却饱含着两千多年的文明底蕴。自“同安”得名，早已有一千七百多年的历史。在同安的银湖中路，有一家拥有百年传承的吴招治薄饼店，这里的薄饼由一位当地官员夫人创制，如今已成了同安人和远道而来的游客钟爱的美味之选。

墨宝留香

薄饼嫂传统美食店坐落在同安汽车站旁，是一座临街的二层商铺，屋檐采用古代的歇山顶样式，通体黄色，没有过多装饰，反而散发着烟火气息。

店内陈设简单大方，到处可见字画点缀。薄饼第六代传人吴招治女士对文化怀有深厚的敬意，每当有文化名人莅临，她总是恳请对方留下墨宝。尤其显著的是一副以“招”“治”二字藏头的对联，悬挂在最醒目之处，充分展示了店主对传统文化的热爱。

吴招治制作薄饼

从“婆饼”到“同安薄饼”

吴招治出身贫苦，从小被一位蔡姓人抱养，有幸成为薄饼第四代继承人蔡体的外孙女。蔡体祖上有一位巧手的官员夫人。据《同安县志》记载，同安在明代出了一位五省巡按蔡复一，这位大人文韬武略、才华出众，却因受小人陷害，被皇帝罚在 49 天内抄写九大箱文书。蔡大人废寝忘食不敢懈怠，这可急坏了蔡夫人。于是，聪明的蔡夫人研究出一种美食，把各种荤素菜品用一张薄饼卷好，既美味又方便。这种食物最开始被称为“婆饼”，因为闽南语中“婆”与“薄”同音，渐渐地人们都称之为“薄饼”。

春到人间一卷之

薄饼在厦门也被称为春卷，有着四百多年的历史，每年春节、元宵、二月初二、三月初三、清明节等重要民俗日子，都会吃薄饼。吴招治薄饼在饼皮、馅料以及料汁上，都保留了传统的闽南风味。

饼皮

闽南地方的春卷面皮不用油炸，但制作更为细致。要掌握好水和面粉的比例和火候，才能烙制出薄厚均匀、不破不硬、柔韧适口的饼皮。

馅料

内馅要放 13 种食材，其中的油饭要用糯米、虾仁、香菇加入骨头汤焖煮而成。

料汁

料汁的特别之处在于并不专门为薄饼熬制。它其实是店里的招牌菜——同安封肉的卤汁。

馅料中有炸海苔、炸米粉、花生末、油饭以及高丽菜、胡萝卜、豆干、大蒜、冬笋、豌豆、海蛎、虾仁、三层肉。

店里的招牌菜——同安封肉

同安封肉

烹制同安封肉，不仅需要上好的猪后腿，还要加上甘蔗做底，板栗、香菇等食材为辅，最重要的，是要装进一口大缸中，熬制八个小时。可想而知它的卤汁有多么鲜美。

包起来像小枕头

看起来简简单单的薄饼，却囊括了这么多新鲜的食材，仿佛真的要把春天的所有美好收入其中，怪不得鲁迅曾经赞叹厦门薄饼“包起来像小枕头”。

小小的薄饼早已从同安这座小城走出，香飘海外。而那些曾经因生活所迫四散漂泊的华侨，却因着一卷薄饼而备受抚慰。传承近八十年的吴招治薄饼店用质朴和真诚守护着四百年的家乡味道，店里各种古早风味的同安小吃也将和“同安共乐”的同安文化一起走进每一位食客的心中。

吴招治薄饼

薄饼为省级非物质文化遗产

福建省厦门市同安区
银湖中路 153 号

创建时间 1948 年

营业时间 9:00—20:30

人均消费 25 元

1948年

吴招治的外祖父蔡体在同安墟市设摊售卖薄饼。

1952年

蔡体在同安城关西桥尾开设薄饼小店，名为“招治薄饼”。

1995年

因旧城改造，吴招治将店铺转移至同安汽车修理厂旁。

1999年

吴招治薄饼被商务部评为“中华老字号”。

2002年

吴招治薄饼店铺搬迁至同安区银湖中路。

2009年

吴招治薄饼被列入厦门市市级非物质文化遗产代表性项目名录。

2017年

吴招治薄饼被列入福建省省级非物质文化遗产代表性项目名录。

采芝斋

味美也“医病”姑苏“中国糖”

江苏省　苏州市姑苏区平江街道观前街玄妙观东

观前街有着姑苏第一街的名号，得名于西晋创建的玄妙观，兴起于清末民初，兴盛于 20 世纪 80 年代。观前街上有一家老铺，创始于清朝同治初年，来自河南的金荫芝当街设炉，仅用五百个铜板起家，专门售卖粽子糖，如今却成为享誉全国的百年老店，它就是采芝斋。采芝斋售卖的各式苏式糖果、糕团，不仅用料天然、味道鲜美，有些还具有“医病”的神奇功效。

半爿药材店

如今的采芝斋店铺粉墙黛瓦，在观前街上很是惹眼。门前大大的招牌由清代探花费念慈写就，俊逸潇洒。店内陈列整齐的糖果和糕点，花窗楹联装点着空间。店内的两块字牌“贡糖”和“半爿药材店”格外引人注目。相传，贝母糖曾被苏州名医献给慈禧太后，治好了她的喉疾，因此得名“贡糖”。而采芝斋一直注重将中药文化与制糖工艺相融合，因此逐渐获得了“半爿药材店”的美誉。

别有洞天品评弹

采芝斋并不只有吃食，缓步来到二楼，几张方桌，加上竹编的靠背座椅，组成了闲适的生活场景。旁边就是戏台，评弹表演者们手拿乐器，用吴侬软语不疾不徐地述说着经典的历史故事。点上一杯红茶，一边品味苏式糕点，一边欣赏评弹表演，或者打打牌，稍作休闲娱乐，也是难得的消遣。这种食戏组合的经营模式也为采芝斋留住了一批忠实顾客。

美味糖果也“养生”

除了善于经营，采芝斋的糖果之所以能够受到大众的追捧，最根本的原因还是货真价实，且有“养生”妙用。

食材天然

采芝斋用来制糖的材料，除了蔗糖，还有芝麻、松子、核桃、瓜子、花生等坚果，调味上会选择玫瑰花、山楂这些食材，入口品尝到的是甜味和天然食材的香味。

强身健体

曾经被慈禧太后大赞的贝母粽子糖含有川贝成分，有化痰止咳平喘的疗效；还有加入薄荷的薄荷粽子糖，可以润肺清痰；玫瑰粽子糖可以舒筋活血。

营养丰富

加入松子的各式松子糖，含有人体所需的蛋白质和脂肪，揣在包里还能充饥。曾经在 1954 年的日内瓦会议上，被周恩来总理用来招待国际友人，几年后远销海外，被外国人亲切地称呼为“中国糖”。

姑苏风味

糖果是采芝斋的立店之本，不承想它的苏式点心也做得很是了得，将姑苏小食的精、雅、细、巧发挥得淋漓尽致。店内在售的小食共有三百多种，可以说是应有尽有。

虾子鲞鱼　姑苏之人擅“炙鱼”，姑苏人做鱼的历史甚至可以追溯到公元前 500 年，采芝斋的虾子鲞鱼畅销多年。酥脆的鱼干外面裹满一层细细的虾子，味道更上一层。鲜香咸甜，是夏日搭配白粥的好伙伴。

清水陈皮　入口先甜后咸，加上陈皮的清香，放一片在嘴巴里，满口生津，带一点点苦和麻味，回味悠长，且有顺气的作用。这种独特口味的食品将姑苏风味中的酸和甜发挥到极致，因而有很多忠实的拥趸。

曾经，采芝斋借着观前街这片宝地生根立足。如今，观前街因着采芝斋而吸引游人如织，传统与潮流在此频繁碰撞。采芝斋与观前街上的其他老字号店铺一同，以一颗颗美味的“中国糖”，将充满市井烟火气息的吴文化和姑苏风味，通过游客的眼睛和舌尖，传递出去。

中华老字号糖果店

江苏省苏州市姑苏区平江街道观前街玄妙观东

创建时间	1870 年
营业时间	8:30—21:30
人均消费	40 元
提　　示	采芝斋老铺仍然采用前店后坊的经营模式，慕名而来的客人们大可放心，一定能够吃上刚出炉的美味。

1870年

采芝斋创始人金荫芝在观前街上当街置炉，现场制作糖果售卖。

1884年

金荫芝接手老邻居的古董店后，以“采芝斋糖果店”的招牌正式营业。

1954年

周恩来在日内瓦会议上用采芝斋的软松糖、脆松糖、轻松糖招待国际友人。

1978年

墨西哥总理来访，对采芝斋的软松糖赞不绝口。

1979年

采芝斋老铺恢复之前的店名和前店后坊的经营模式。

2007年

采芝斋苏式糖果制作被列入苏州市非物质文化遗产名录。

2009年

采芝斋苏式糖果制作被列入江苏省非物质文化遗产名录。

知味观

西子湖畔文人情 遍寻天下"知味"客

浙江省 杭州市西湖杨公堤10-12号

在杭州西湖景区中，有一家既能赏美景、又能品美食的百年餐厅——知味观，它不仅有传统风味的杭州小笼包、猫耳朵、幸福双，还有国家特级烹饪大师制作的经典杭帮菜。这家由点心起家的老铺到底有什么秘诀，竟打破了景区内没有美食的定律？"欲知我味，观料便知"，一百多年前，老铺的创始人早已给出了答案。

为谋生文人开店

知味观的创始人是一位饱读诗书的师爷。1913年，国内军阀混战，绍兴师爷孙翼斋和义阿二合伙在杭州的湖滨公园支了个馄饨摊，主要售卖馄饨和汤团，一段时间后生意惨淡，义阿二放弃返乡。孙翼斋尝遍周边的馄饨，味道并不如自己。他心中不忿，于是用《礼记》中的"人莫不饮食也，鲜能知味也"改编成一句广告语"欲知我味，观料便知"，贴在摊前。久而久之，人们的好奇心加上货真价实的馄饨让孙翼斋积累了不少客户。

孙翼斋在开业第二年，将广告语中的三个字用作店招，从而创立了知味观。他注重食材，馄饨馅必集五种颜色，并结合改良的调味技术，使其味道上佳。知味观以追求美味为宗旨，百年创业史上一直秉承此传统。

再现文人情结

1989 年，社会上不尊重老人的新闻偶见报端，知味观经理严雄华大为触动。为此，在春节前后，他于《杭州日报》刊发公告，为 90 岁以上的老人免费提供点心宴。不久，严雄华又为 75 岁以上的老红军免费特设英雄宴。知味观把文人的执着和真诚体现得淋漓尽致。

怜西子落脚湖畔

西子湖畔，游人如织，知味观的味庄却寻得一块僻静之处。在杨公堤的浴鹄湾，六栋独立的清雅小筑点染在湖光山色之间，楼与楼以廊桥相接，犹如一幅江南水墨画。建筑全部使用大幅落地窗，在酒店内部可将西子美景尽收眼底。傍晚时分，红黄灯影倒映湖中，树木苍翠，山石交相辉映，犹如仙境一般。美景已让游人醉，遑论再加美食。

手工小笼包

醋鱼

觅知音丰俭由人

味庄自 2004 年开业以来，每天接待海内外游客数不胜数，自成一道风景。游客们既可以用经典的风味小吃果腹，又可以细细品味精雕细琢、工序繁杂的杭帮名菜。在美景美食中流连，感受生活就在当下。哪怕是一份果腹的小食，也能品尝到知味观对食客的尊重和理解。

金牌龙井茶酥

金牌扣肉

味舫——西湖最美船宴

西湖有着如小家碧玉般柔美绝伦的风景，如果能在西湖上泛舟，同时品尝美味佳肴，真是可遇不可求。2009 年，知味观推出了特色美食体验——味舫——一座精美的二层画舫游船，天未黑时，游客可在二层包厢喝茶赏景，夜幕降临时，味舫缓缓启程，经白堤、孤山、雷峰塔，到三潭印月，美景尽收眼底；同时，各色菜品也陆续上齐，龙井虾仁、西湖醋鱼、叫花鸡、西湖莼菜汤……美食美景一应俱全，一时难分天上人间，难怪连挑剔的李敖都感叹不虚此行。

“知味者”遍天下

1980 年，美国一篇文章赞誉在杭州知味观享用西湖醋鱼无与伦比。这显示知味观的名声已远扬国际。1932—1934 年，鲁迅多次在知味观款待国内外友人，一方面是因为他钟情浙江菜，另一方面是因知味观的美食备受欢迎。甚至曾有日本代表团回国后效仿知味观的叫花鸡制作方法，导致东京一度掀起“叫花鸡热”。从 1913 年的馄饨摊到今天的味庄大宅，知味观宛如一瓶佳酿，默默等待懂得品味的人来欣赏。

根据《鲁迅日记》中的记载，从 1932 年至 1934 年间，鲁迅就曾在知味观订座九次，招待朋友。

猫耳朵

猫耳朵是经典的杭州小吃，而且只有杭州才有。每份量不大，一勺舀起，猫耳朵和其他食材混着高汤入口，鲜美至极。

把面搓成小小的形似猫耳朵的小块，以高汤熬煮，再加入虾仁、火腿、鸡脯、香菇、干贝、青豆等新鲜食材。

幸福双

幸福双是由知味观创制的面点，因为成对出售而得名。

以发面做皮，豆沙做馅，另外加上各种干果，有蜜枣、核桃、金橘、佛手等，味道清甜，很符合杭州人清淡甜糯的口味。

蟹酿橙

这道蟹酿橙来自宋人林洪的《山家清供》，工序复杂。仿佛千年前的美食穿越而来，与古人共享菊黄蟹肥的时节。

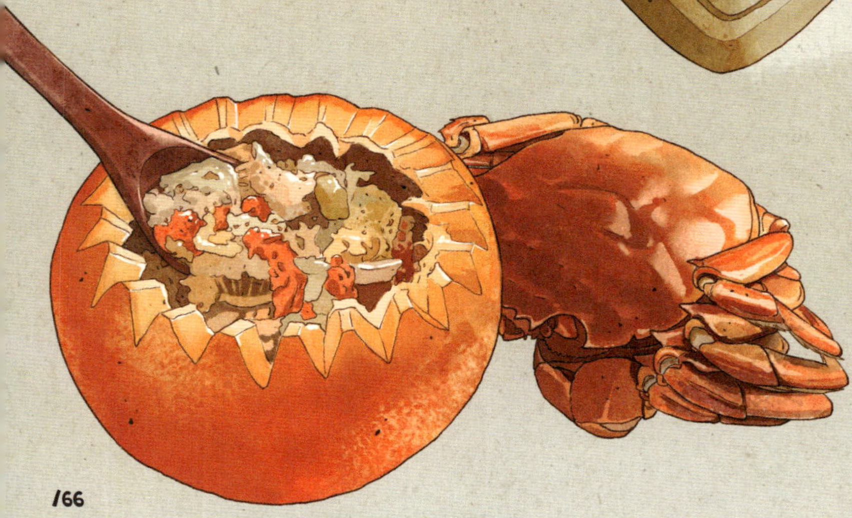

将蟹肉、菊花和醋妥帖地融合在一起，最后加入橙子特有的香气，以橙皮做盅。

精准的数据和严谨的工序，自然可以炮制出味道统一的果腹食物，却无法满足食客们对美食的想象，而知味观的每一道菜品都凝聚着温度、情感和无限的遐想。老杭州人有一句方言叫“落胃”，意思是吃了感觉无比地舒服和踏实。知味观就是杭州人心里最落胃的味道。

1913年

知味观创立，并以幸福双、猫耳朵、西施舌等点心闻名。

1929年

知味观在西湖博览会上声名远播。

1937年

杭州沦陷，知味观被迫关门歇业。

1939年

知味观重新开门，悉心经营，重新赢得好口碑。

1988年

知味观被列入《中国大百科全书》。

1993年

知味观被评为“中华老字号”。

2001年

知味观被评为“中华餐饮名店”。

浙江省杭州市西湖杨公堤10-12号

创建时间	1913年
营业时间	10:30—14:00，16:30—20:00
人均消费	158元
提　　示	就在西湖景区里，玩累了可以在这里就餐和休息，非常方便。

2002年

知味观被评为“中国十佳名牌企业”和“国际餐饮名店”。

2004年

知味观位于西湖的味庄开业迎客。

2009年

知味观在西湖景区推出“味舫”游船，给食客带来视觉和味觉上的双重盛宴。

吴鲁衡

借奇石经天纬地 凭妙手包罗万象

安徽省 黄山市休宁县上街 70 号

古时的风水先生都怀揣一件祖传宝物，掏出来就能占卜吉凶、勘测风水，甚至寻得无价之宝。这件神奇的宝物说的就是罗经。安徽省休宁县万安镇的吴鲁衡罗经老店就以制作精良的罗经著称，一块天外奇石让老店所制罗经脱颖而出，历经三百多年长盛不衰，如今已经传至第八代掌门人接管。

观天测海 道法自然

罗经又叫罗盘，是我国古代四大发明之一指南针的延伸，也是日晷的升级版本。盘面不仅有代表时间的天干地支、二十四节气，也有代表空间的八卦、二十八星宿，将人与自然的关系融入其中，堪称我国古代地学仪器。沿海地区用罗盘来指引方向，郑和下西洋就离不开它的指引。内陆地区则用来堪舆风水。

郑和下西洋时配备的罗盘

奇石镇店 后来居上

清代早期，万安镇人吴鲁衡家境贫寒，从小在罗盘店做学徒，尽管店规森严，但天资聪颖的他用 20 年时间掌握了全部技术。雍正元年，吴鲁衡在万安镇创办“吴鲁衡罗经店”。

吴鲁衡罗经店以卓越手艺崭露头角，成为风水专家们的首选。吴鲁衡的罗盘耐用精准，得益于店内的宝物——天外陨铁。通常的指南针几十年后会失去磁性，而陨铁磁针即便经过百年依然精确。尽管老铺曾被太平军抢劫，但这块“丑石”却幸存下来，宛如老铺延续的奇迹。

吴鲁衡罗盘店镇店之宝，祖传天然磁陨石。

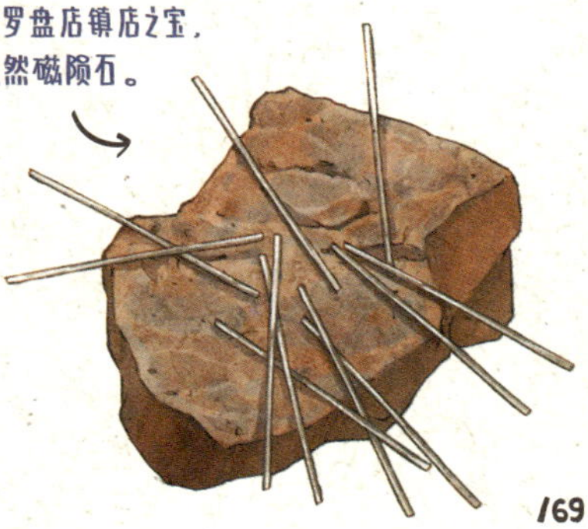

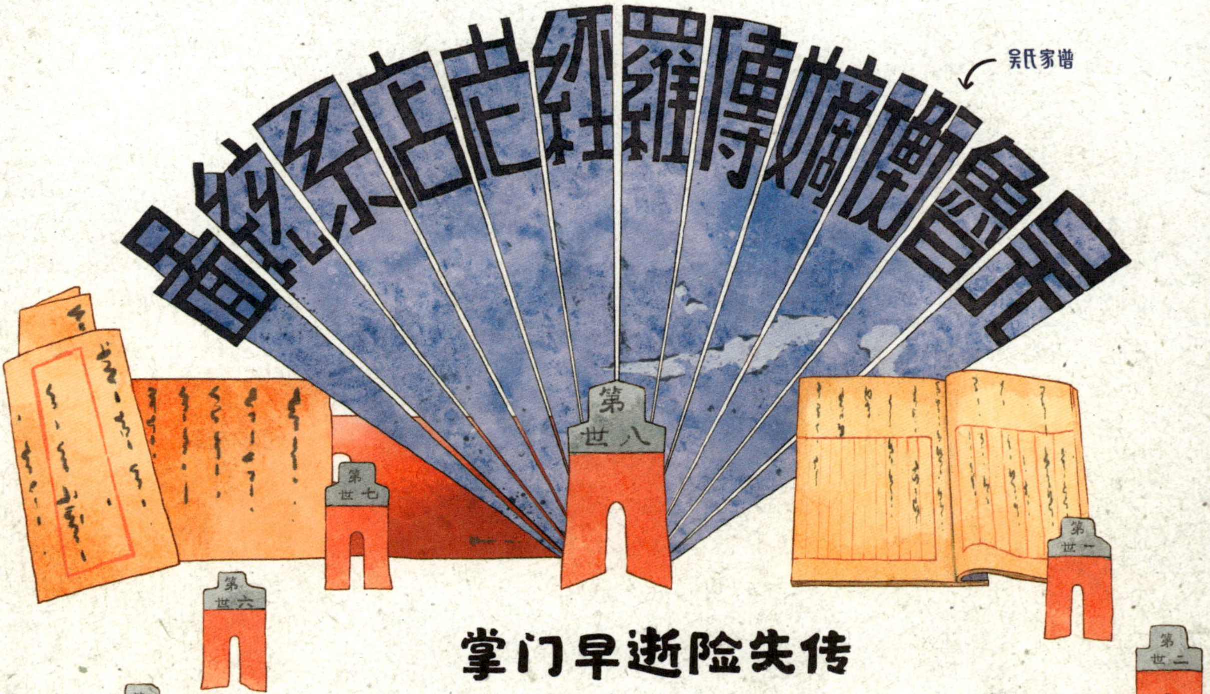

掌门早逝险失传

吴家世代将核心技艺藏匿在密室中，每个工序都有专人负责，只有掌门人掌握全部核心技术。然而，第六代掌门突然去世，留下 12 岁的第七代传承人吴水森。吴家老店注重售后服务，幸好有人前来修理罗盘，吴水森的母亲在维修过程中传授了儿子制盘的技巧。如今，吴水森已成为国家级非物质文化遗产传承人。

方寸之间 天道尽显

吴鲁衡秉承古法手作，同时推陈出新，生产的罗盘不仅材料考究，而且制作精良，美观大方，有“徽盘”“徽罗”的美誉。一枚古色古香的罗盘，需要经历七道大工序，这其中凝聚着中国古老的传统文化和手工技艺，展现着中华美术、书法、徽雕的魅力。

选料

制作顶尖罗盘选用的是珍稀虎骨木，这种木材生长在万安镇的河汊里，耐旱耐涝，耐寒耐腐，是制作罗盘的不二之材。

制坯

把晾干的虎骨木用车床车圆，用砂纸和木贼草打磨光滑，再找到中心位置，挖好指针孔。

分格

根据不同需求，罗盘有不同的图谱，确定好图谱后，据此刻制横格，再根据天干地支等刻制直格，格子密如蛛网，却不能出现细微的误差。

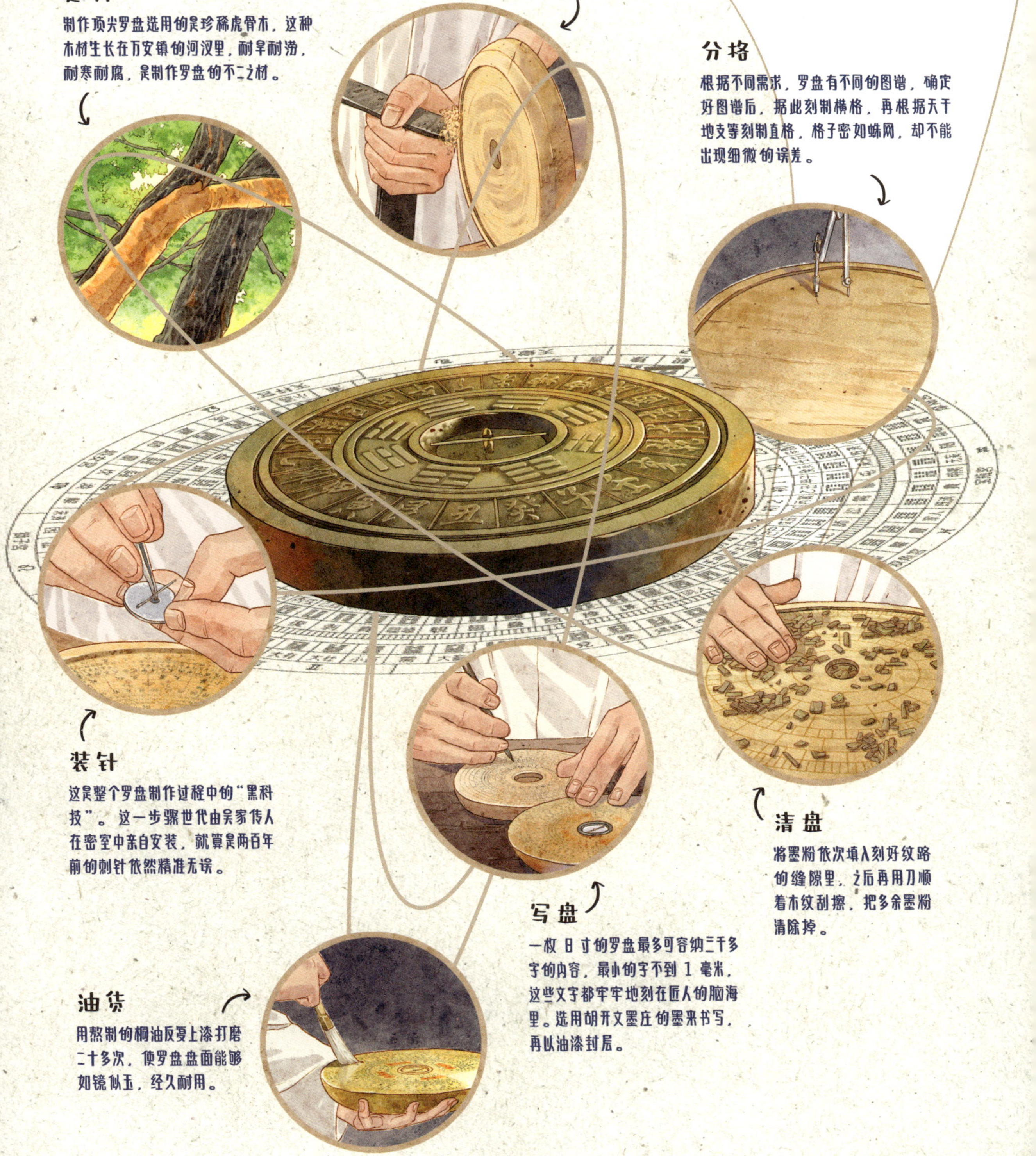

装针

这是整个罗盘制作过程中的“黑科技”。这一步骤世代由吴家传人在密室中亲自安装，就算是两百年前的制针依然精准无误。

清盘

将墨粉依次填入刻好纹路的缝隙里，之后再用刀顺着木纹刮擦，把多余墨粉清除掉。

写盘

一枚 8 寸的罗盘最多可容纳三千多字的内容，最小的字不到 1 毫米，这些文字都牢牢地刻在匠人的脑海里。选用胡开文墨庄的墨来书写，再以油漆封层。

油货

用熬制的桐油反复上漆打磨二十多次，使罗盘盘面能够如镜似玉，经久耐用。

"生活化"的罗盘

很多与古墓相关的影视作品中，罗盘似乎是稀世奇珍的指路明灯，其实，罗盘离我们并不遥远。房屋坐北朝南可以最大限度利用太阳能资源，在风水上也被认为是幸福人居的朝向。用吴鲁衡最简单的五层罗盘，就可以测量出房子的精准朝向。

从五行八卦到干支甲子，从节气方位到天文历法，一枚罗盘，仿佛一部中国传统文化的百科全书，它蕴含着中国人对自然的思索和探寻。如今，为了让这传承六百多年的古老技艺不再断流，吴鲁衡第八代传人吴兆光和父亲吴水森一同创建了万安罗经文化博物馆，并免费向全世界开放，吴鲁衡老店也开班授徒。吴鲁衡罗盘似乎不再神秘，这对父子深知，只有让更多的人了解罗盘，这项遗产才能长盛不衰。

安徽省黄山市休宁县上街 70 号

创建时间 1723 年

营业时间 8:00—11:30，13:30—17:00

人均消费 600 元

提　　示 老店旁是一座罗经博物馆，门票免费，可以尽情参观。

1723年

吴鲁衡在万安镇创立吴鲁衡罗经店。

1915年

吴鲁衡罗经老店产品荣获巴拿马万国博览会金奖。

2004年

吴鲁衡第八代传人吴兆光和父亲一起筹建了万安罗经文化博物馆，是唯一一座经过官方认证的罗经博物馆。

2006年

吴鲁衡第七代传人吴水森被命名为国家级非遗传承人。

2008年

吴鲁衡罗盘被作为礼物赠予国际奥委会终身名誉主席萨马兰奇。

2012年

吴鲁衡罗经老店被公布为市级文物保护单位。

瑞蚨祥

以德盛金 大商无算

北京市 西城区大栅栏5号

在北京城人声鼎沸的大栅栏老街，有一座中西合璧的建筑颇为显眼，它就是清朝同治年间创立的瑞蚨祥老铺。在老北京城里，有八家制衣铺，被老百姓称为“八大祥”，瑞蚨祥为八大祥之首。上到皇亲国戚，下到平民布衣，都能看到瑞蚨祥的影子。

祥瑞伴青蚨

蚨是《搜神记》中的一种蝉类昆虫。母虫在叶子上产卵，无论叶子被吹到哪里，它们都能找回。在钱币上涂抹蚨的血，放在家里的钱币会飞回来，花掉的钱币也会回来。这寓意生意上的成本会不断循环产生，使生意壮大。瑞蚨祥的商标绘制了母子“蚨”，让人联想到年轻人为老人购置衣服的温馨场景。

少东家落脚京城

清朝早期，在山东章丘，以贩卖布匹为生的孟氏一族已有多年积累，到 1869 年，年仅 18 岁的少东家孟洛川掌权时，已在济南开有多家绸缎庄以及钱庄。孟洛川年轻有为，把眼光投向有更多机会的京城，1893 年，北京第一家瑞蚨祥绸缎庄正式开业。因为质量过硬、经营有方，短短七年时间，瑞蚨祥盈利百万。

秉道义黑白分明

孟洛川，孟子第六十九世孙，一直信奉孔孟之道，注重自律和践行。1900 年，八国联军入侵北京，孟洛川毅然焚烧了店内的洋布，并要求分店停止销售洋布。不久，瑞蚨祥老铺也被焚毁，布匹账本付之一炬，孟洛川宣布宽恕所有客人的债务，深受老顾客的感激。两年后，孟洛川在原废墟上顽强重建，重新开业。

曼妙旗袍

瑞蚨祥所有布匹需要经过半年以上的“闷色”才能上柜，并且制作中讲究刀功、车功、手功、烫功。这些传承千年的制衣工序无法以机器完全替代，必须环环相扣、手工定制，因此制作的衣服精美绝伦，尤其是旗袍。

在传统工艺“镶、绲、拼、盘、贴、荡”的基础上，增加了刺绣工艺；光是量身步骤就要仔细测量出近 40 项身体数据，做到一分一毫的拿捏；各式各样的旗袍盘扣，把中国丝绸和东方女性之美展现得淋漓尽致。

大商风骨

孟洛川亲自制定了铺规 22 条，有了铺规的管控，和老东家身体力行的感染，瑞蚨祥的服务令人如沐春风。

请茶

不管进门的是达官显贵还是平头白丁，伙计都笑脸相迎并安排落座，送上一壶茉莉花茶和精致点心。

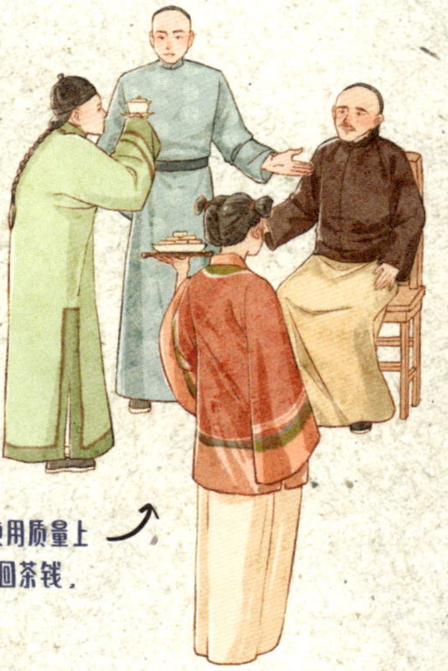

虽是免费品尝，但孟洛川坚持使用质量上乘的花茶，也许一次交易还赚不回茶钱，但客人的满意更重要。

荐布

瑞蚨祥的伙计在推荐布匹时，会先介绍中、低档货品，只在客户不满意时才推荐高价布，真心为客户着想，让客人感受到尊重。

放尺

瑞蚨祥从来是要一尺多给一寸，要一丈多放一尺，绝不让顾客吃亏，被老顾客们亲切地称为“良心尺”。

孟洛川以大义谱写了一代儒商传奇。1949 年，毛泽东亲手升起的第一面五星红旗就是由瑞蚨祥的老师傅们连夜赶制而成。沃尔玛的创始人山姆 · 沃尔顿曾说：“我创建沃尔玛的灵感来源于中国一家古老的商号，它的名字来源于传说中的一种可以带来金钱的昆虫。它做得好极了！”

1862年

孟氏家族于济南创立瑞蚨祥品牌。

1869年

18 岁的孟洛川掌管整个瑞蚨祥。

1893年

孟洛川花费 8 万两白银在北京大栅栏开设瑞蚨祥布庄。

1901年

瑞蚨祥在大栅栏老铺废墟上修建新式建筑，重新开张，保存至今。

1939年

孟洛川于悲愤中离世，一代儒商谢幕。

記鴻祥蚨瑞

北京市西城区大栅栏 5 号

创建时间	1862 年
营业时间	周一至周四 9:30—20:00 周五至周六 9:30—20:30 周日 9:30—20:00
人均消费	3369 元
提　示	除了布匹、成衣外，还可以定制旗袍和现场制作蚕丝被。

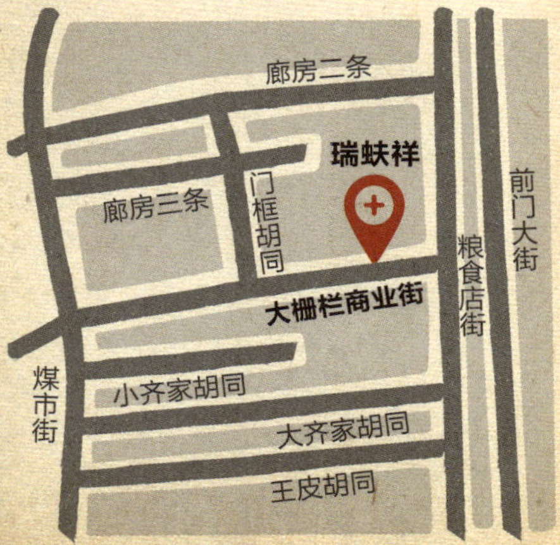

2007年

“瑞蚨祥中式服装手工制作技艺”已被列入北京市非物质文化遗产名录。

同盛祥

厨客同烹真味 盛享大唐遗香

陕西省 西安市莲湖区西大街5号

一千多年前，西安作为大唐丝绸之路的起点，将中华美食、美物带给全世界，而外域的美食文化也进入西安，让西安的美食口味变得更加开放和包容，西安的泡馍就由此诞生。西安有四千多家泡馍店，如何能吃到最地道的泡馍，就要问问一百多年的老字号泡馍馆子同盛祥了。

泡馍的秘密

1920 年，回族张文祥三兄弟在西安竹笆市街道开了一家泡馍馆，取名“同盛祥”，意为共同昌盛。现今，同盛祥老店多次搬迁，最终定居在西安钟楼街北广场。店内还原了百年前的炉头场景和泡馍制作历程。泡馍的起源可以追溯到西周的牛羊肉羹，受到波斯商人的“饦饦馍”和小茴香的影响后，演变成了苏东坡所称之为“秦烹惟羊羹，陇馔有熊腊”的美味泡馍。初次品尝泡馍的客人只需在店内观看，就能初步了解泡馍的制作秘诀。

来自苏轼《次韵子由除日见寄》

吃泡馍选炉头

同盛祥店里只有六七个伙计，只卖早餐，春夏卖水盆羊肉，秋冬卖牛羊肉泡馍。为了保证品质，同盛祥收购陕甘交界的羊以棉花籽饲养，白天放牧，以保证羊肉细腻，没有膻味。店里专门负责烹煮羊肉的师傅被称为“炉头”，每个炉头都有自己的绝活，客人会看炉头下菜碟，不是自己信得过的炉头宁可不吃，因此炉头很受尊敬。

食客成大厨

在同盛祥，食客也是制作美食的一员。刚出炉的热馍，需要你一粒一粒掰成黄豆大小，交给厨肉案师傅切好肉，再配上大葱、蒜苗、粉丝，再交由泡馍师傅看量定汤，逐一烹制。因此，掰馍的过程也是食客和大厨交流的过程，掰得不好小心大厨退单。

波斯商人带来的
馕和小茴香
同盛祥
同盛祥

讲究的“天下第一碗”

同盛祥严格选用不超 35 斤的一岁半盐池滩羊和两岁内的秦川黄牛，生肉需漂洗 6—8 小时，再煮 15 个小时，一碗牛羊肉汤端到桌上需要近百道工序。那块馍更是需要做到色白不生、皮黄不焦、入汤不散、酥脆生香。

吃馍有方法

做羊肉泡馍讲究，吃羊肉泡馍也很讲究。羊肉泡馍一般有四种吃法，按照肉汤的多少来区分。不管哪种吃法，一定要注意不要上下搅拌碗里食材的顺序，要溜着碗边吃，这样不容易破坏泡馍整体的鲜味，俗称“蚕食”。

传说宋太祖赵匡胤落魄之时，路边羊肉汤贩曾施舍了一碗羊肉汤，配上怀里的硬馍，不但顶了饱，还解了馋。不管哪一种吃法，羊肉汤和馍都是老陕人祖祖辈辈拆不散的美食组合。

同盛祥自1982年开始接待外宾，远道而来的食客们对动手掰馍的体验兴趣盎然。无论他们是慕名而来还是常客，当坐下来用手掰馍的时候，与大厨们默契合作，最终品尝到这碗精心熬煮、滋味丰富的牛羊肉泡馍。这一默契贯穿了一百多年，同盛祥几乎每天都坚守这个传统。

1918年

张文祥三兄弟开设泡馍馆，取名“同盛祥”。

1956年

同盛祥改制，实行公私合营。

1910年

同盛祥五易其址后，最终落脚钟楼街北广场。

1915年

全国烹饪大赛召开，同盛祥泡馍技师在北京文化宫进行了三天泡馍表演。

1977年

同盛祥在北京王府井大街开设新店，是第一个走出潼关，在北京开设分店的泡馍老店。

1984年

同盛祥牛羊肉泡馍制作技艺入选国家级非物质文化遗产名录。

陕西省西安市莲湖区西大街5号

创建时间 1918年

营业时间 9:00—21:00

人均消费 49元

提　　示 一定不要饥肠辘辘的时候去，要给掰馍留出时间！

王星记

精工出细活 扇好夺天工

浙江省 杭州市天目山路518号

在杭州天目山景区，有一家名为王星记的小店，售卖着各式扇子。游客常将这些扇子视为纪念品，但很少人知道这家小店已有近150年的历史。实际上，王星记的扇子与杭州丝绸和龙井茶并称为“杭州三绝”。除了这家老店，王星记在全国各地设有分店，拥有自己的扇子制作工厂和博物馆，其扇子制作技艺已被列为我国首批非物质文化遗产项目之一。

百年扇庄的好姻缘

王星记的创始人王星斋的创业故事充满戏剧性。他自小跟随父亲学习扇子制作，精通扇子磨砂技艺。在二十多岁时，他在杭州城内的一家扇场工作，附近还有一家扇子制作作坊，由陈益斋经营，陈益斋的女儿陈英擅长扇子贴花工艺。陈益斋看中了技艺高超的王星斋，将陈英嫁给了他。随后，在岳父的支持下，他们一起创办了扇庄。这对扇子制作高手的合作使得生意蓬勃发展，陈英制作的泥金扇子甚至被选为贡品。

七彩螺钿漆雕边剪贴
三格景泥金彩绘黑纸扇

广结扇缘

在杭州站稳脚跟后，王星记很快就开始了向外扩张的脚步，无论是上海最热闹的城隍庙，还是北京的老街，都有王星记的身影。很多戏剧界名人尤其喜爱王星记的扇子，京剧大师梅兰芳表演《贵妃醉酒》所用象牙泥金牡丹花卉扇就是王星记的作品，越剧大师袁雪芬也曾在《梁山伯与祝英台》中使用王星记的经典全本黑纸泥金扇。

“三星牌”商标

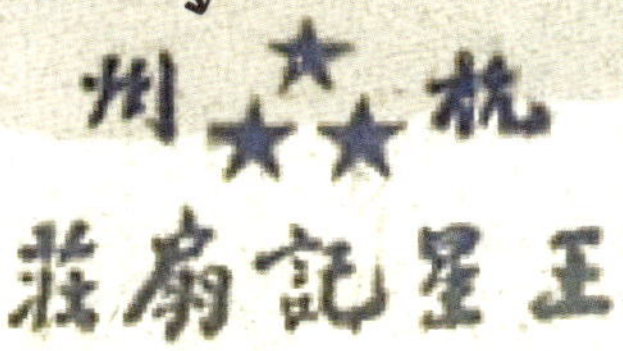

梅兰芳

象牙泥金牡丹花卉扇丹

《八仙过海》

G20 晚会礼市玉骨洒金扇

在 2016 年的 G20 杭州峰会上，王星记特别制作了晚会礼市玉骨洒金扇。用 6 年的冬竹，存放 3—4 年后做扇骨，并首次在宣纸上烫金做扇面，如此才成就这把摄人心魄的洒金扇。

如今，王星记拥有一批国家级、省级非物质文化技艺传承人和制扇大师，制作的扇子共有 19 个大类 10000 多种花式，有洁白无瑕的羽毛扇、婉约柔美的宫扇、香味沁人的檀香扇……应有尽有，美不胜收。

全手工打造的“东方瑰宝”

黑纸扇是王星记创始人夫妻俩从油纸伞中得到灵感而创制的。黑纸伞为纯手工制作，要经历制骨、糊面、上色等 86 道工序、100 多道制作过程。这把扇子既能解暑纳凉，又能避雨遮阳，有“一把扇子半把伞”的美誉。

制作初级骨片

选取直径 2.5 厘米的广西野生棕竹，柔软且富有弹性，并且其特有的生长花纹，极富天然美感。经断料、开料、削料后，制作成大小均匀、可以使用的扇骨，一节棕竹可以出 6 片扇骨。

二次处理骨片

将骨片放入缸中浸泡后晒干，加生石灰、篾料煮制 6 小时，用滚烫的烙料烫直，再由专人将骨片排列好，进行各个面的精细打磨。

加销钉

把打磨好的扇骨换上销钉。销钉为水牛角材质，需先锯后煮，再经纯手工打磨而成，耗时久但韧性好，不易脆裂。

糊扇面

衔接好的扇骨用浙江天目山所产桑皮纸糊好扇面，桑皮纸不易褶皱且非常坚韧，经久耐用。表面反复喷水，涂抹用生柿子发酵制作的柿漆，则光可鉴人，又可防水。

做装饰

王星记有多名艺术家大师为扇面做装饰，一般有书法、绘画、剪贴、泥金、泥银几种类型，丰俭由人，往往能够决定一把扇子的价值。

扇子早已脱离其原始功能意义，作为一种装饰和收藏品出现。继承并发扬传统制扇工艺的王星记如今的使命，更像是让来自世界各地的游客们把精美的扇子带回家，并因此在心中留下杭州这座小城的余音，以及对扇子这件“东方瑰宝”的无尽赞叹。

浙江省杭州市天目山路 518 号

创建时间 1875 年

营业时间 8:30—18:30

人均消费 35 元

提　　示 扇子的选材不同价格会相差很多，购买时一定要和店员多沟通了解。

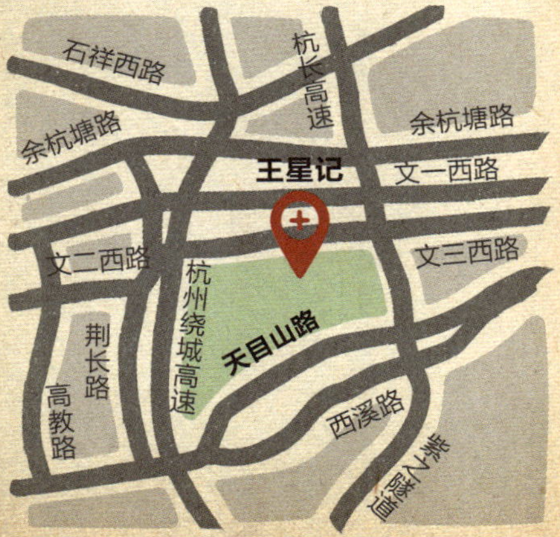

1875年

王星斋和陈英夫妻二人婚后开设制扇作坊。

1893年

王星斋在上海城隍庙内开季节性扇店。

1901年

王星斋开北京第一家扇庄。

1929年

陈英将杭州太平大街的店面正式命名“王星记”，并注册商标。

1936年

王星记成为杭扇业务之首。

1994年

王星记遭遇大火，厂房焚毁，原始资料丢失，王星记人积极开展自救。

2010年

王星记参加上海世博会，并展出自己的扇子作品。

胡开文墨庄厂

循“易水旧章”铸匠心徽墨

安徽省 黄山市屯溪区老虎山路5号

墨在我国已经有两千多年的历史，琴棋书画，有一半都少不了墨的参与。安徽省屯溪区，风景秀丽，山水之间，有一家开了二百多年的胡开文墨厂，墨厂的创始人胡天注曾经发明了能治病的“药墨”，这种药墨至今还被收藏家们所追捧。胡开文墨厂制墨采用一种流传千年的易水古法，用料珍稀，制作的墨品遇水不散，且有淡香袭人。

逢乱世，承易水衣钵

徽墨的起源可追溯至唐代的安史之乱。混乱时期，制墨家奚超父子离开北方，南迁至歙州。歙州景美气候宜人，松树丰富，适合制墨。奚氏父子在此研墨，采用易水古法，得到南唐后主李煜的赏识，赐国姓“李”，他们所制的墨成为稀世之宝。南宋时，歙州改名徽州，李墨成为徽墨，随着南宋文化繁荣，徽墨声名鹊起。

墨业天才助金榜题名

胡天注是徽墨中易水古法的传承者。他从小师从制墨大师，学成后创办了自己的墨庄。墨庄的店招上写着“开文”，寓意着祝愿科举考生金榜题名。胡天注对制墨充满热情和执着，不惜投入巨资购买优质原料、聘请制墨大师，经过数月的专研，他成功制作出了引起墨业界震动的“岭耀彩墨”。

胡开文墨庄很快赢得了声誉，他们的墨分为两类，高档墨供应给书生和官员，利润可观；而普通墨则销售给商贩，利润较低。他选择通过微利销售以积累口碑和市场份额，以追求长期发展。不久后，胡开文带着他精心研制的“地球墨”前往巴拿马的国际博览会，结果赢得金奖。这块墨条上雕刻了完整的世界地图，胡开文首次在国际舞台上崭露头角，令其一举成名。

“一两黄金一两墨”

胡开文墨庄制作的徽墨“拈来轻、磨来清、嗅来馨、坚如玉、研无声”，且书于纸上，一点如漆，万古存真。这种文房四宝中的绝顶奢侈品，自然并不容易生产。

胡开文制御园 [清]

用料珍稀

胡天注在用料上从不吝啬，曾以熊、虎、蛇、猪、青鱼五种动物的胆汁，加入水牛角、羚羊角、蟾酥、牛黄、麝香等八种珍贵药材，再加入木材入墨，制成八宝五胆药墨。

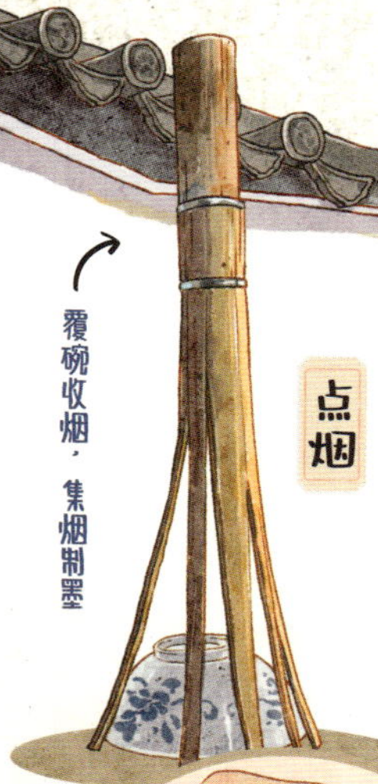

覆碗收烟，集烟制墨

承易水古法

两百多年来，胡开文墨庄一直遵循易水古法的点烟、和料、杵捣、制墨、晾墨等 11 道制墨工序，人工点烟并在高温密闭室内收集超轻烟灰，即便是熟手一年也只能收集不到 20 千克。收集的烟灰要放上两年才能和料做墨，墨块经历十万杵捶打成型，晾晒一年方成。只有这样经历足够时间打磨的墨品才能分出“焦浓淡重清”，才能遇水不散、万古存真。

匠心难舍

墨多为文化人所喜，但制墨却是个体力活，尤其是一块好墨。单单炼烟这个过程就有常人想象不到的辛苦，匠人们需要在高温封闭环境内不停地添油扫烟，皮肤被熏染的如墨色一般。哪怕锤炼墨坯时少了几下，墨当即没有异常，几个月后也会干燥开裂。墨庄工作的匠人们，就是这样一百多年来在烟熏火燎的作坊里，日复一日地精心打磨。

胡开文墨庄经历过清朝的鼎盛，也因市场萎缩而彷徨，当钢笔、铅笔、圆珠笔等各类文具大肆兴盛，这家两百多年的老牌墨庄依然能屹立不倒，全然是因为前仆后继的制墨匠人对古法徽墨的特殊情怀。制墨的过程，既是人磨墨，也是墨磨人，墨汁曾经是我国书写历史的重要工具，今天，制墨匠人们也在用他们的双手续写另一个传奇。

安徽省黄山市屯溪区老虎山路 5 号

创建时间　1765 年

营业时间　8:30—21:30

人均消费　180 元

提　　示　现在的胡开文墨庄成为游学项目之一，个人游客要提前预约，可以现场感受徽墨的制作。

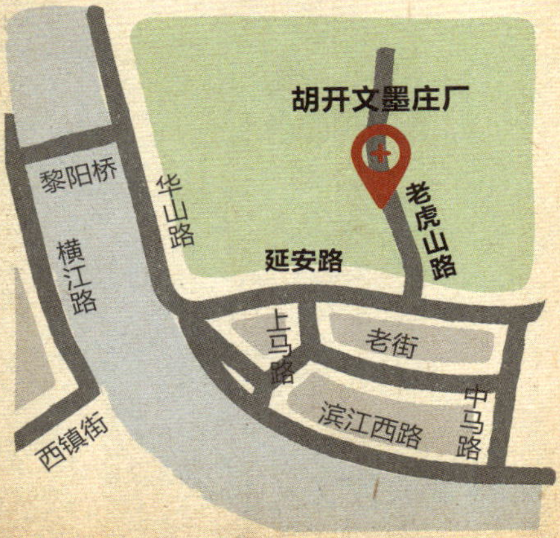

1765年

胡天注开胡开文墨庄，售卖徽墨。

1861年

曾国藩题写“胡开文墨庄”招牌，但并未留存至今。

1910年

胡开文墨获得南洋金质奖章。

1915年

胡开文墨庄制作的“地球墨”在纽约旧金山举行的太平洋万国巴拿马博览会上获得金奖。

1977年

胡开文集锦墨“十大仙墨”首次在美国销售，受到华侨的欢迎。

1985年

歙县老胡开文墨厂推出一套“中国书画家墨”墨模，依据张大千、刘海粟、唐云、黄胄、程十发、林散之、李苦禅、陆俨少等著名书画家为该厂题作精心刻制而成。

2006年

上庄胡开文徽墨制作技艺被国家列入非物质文化遗产名录。

北园酒家

古物今秀 岭南奇葩

广东省 广州市小北路 202 号

在广州北郊，白云山麓附近，有一家如诗如画的园林酒家——北园酒家。它于 1928 年创立，而后在战争中被毁，抗战胜利后又经多次扩建修葺，如今已经成为小北路的标志。山前酒家，水尾茶寮，百年山中岁月赋予这座庭院永不褪色的传世魅力。

名门闺秀

20 世纪 20 年代末，广州充满活力。辛亥革命成功后，商会会长邹殿邦和其他商界精英集资兴建了北园酒家，坐落在白云山下，环境幽雅，以美食招待各界名流、文人雅士。然而，这一繁荣景象仅维持到 1938 年，广州沦陷，北园酒家遭受毁坏。

明珠拂尘

抗战胜利后，北园酒家重新开业。1957 年，广州市长朱光邀请著名建筑师莫伯治负责扩建北园。莫伯治曾面临各种挑战，但决心保留原有植被，通过收购珠三角地区的废旧建筑材料来翻新，不仅降低了造价，还保持了建筑的和谐风格。这一次扩建成为北园酒家的代表性工程，让这位建筑大师与这家岭南酒家再次受到世人的瞩目。

奇缘留古意

北园酒家使用的许多旧物都来自清朝最后一位进士江太史的家宅。江太史曾是岭南的富商，但他为了坚守“不贰臣”的信念而辞去官职回家。然而，在经历了战乱和困苦的十年后，江太史的家业衰落，亲人也流落四方。多年后，江太史的孙女来到北园酒家，发现那些色彩斑斓的窗棂和瓦片，正是她儿时卧室的旧物，这让她感慨万分，充满了乡愁。莫伯治大师的神来之笔让窗棂瓦片以另一种形式保留了下来，也让北园酒家更加厚重耐读。

包容务实的岭南园林

岭南园林滥觞于秦汉，兴盛于唐宋，主要分布在我国广州地区。其不同于北方皇家园林和苏州园林，因受亚热带季风气候和热带海洋气候影响，环境高温高湿，岭南园林更讲究天人合一、虚实兼备。园主人多在园内种植经济作物，并且以合围庭院遮阴纳凉，又可抵御风暴侵袭。可以说岭南园林既有江南园林的影子，又因紧邻海洋受到西方建筑的影响。北园酒家是岭南园林的典型代表。

北园皆春色

北园酒家外侧临街以一排榕树遮蔽，入园后第一视角便是一幅美景，亭台水榭合围错落，内部多用大幅玻璃窗，可使苍翠之境，尽收眼中。满园翠色中一蓬修竹恰到好处，增添几分雅致。饭厅等独立建筑则以小榭形式点缀其中，水榭相映，鱼游成趣。建筑之间又以廊桥相隔，隔而不断，层次丰富。瀑布分成汩汩溪流分别从几处假山坠落，更显清幽。

陈勋做的叉烧包是北园酒家的镇山宝，如果老茶客只点一壶茶一份点心，那点心一定是叉烧包。

粤点大师解人生况味

虾饺、叉烧包、烧卖和蛋挞是广式早茶里的“四大天王”，赋予它们这个称呼的就是北园酒家粤点大师陈勋。陈勋做了八十多年的面点，退休之前他几乎没睡过一个整觉，能得食客一句“好吃”的称赞他就心满意足。

“吃饭去北园，饮茶到泮溪。”对于很多岭南人来说，小时候随长辈到北园吃早茶，是最熟悉不过的回忆。北园酒家建成的第二年，建筑大师梁思成在座谈会上表示，北园酒家是他最喜欢的广州建筑。87 岁的艺术大师刘海粟来北园就餐后，挥毫“其味无穷”四字相赠，相信这四个字不仅指这里的菜品，还有这凝聚了大师心血的岭南园林。徜徉在这无边的岭南春色中，品味经典味道，有此一行，怎能不让人屡屡回味。

广东省广州市小北路 202 号

创建时间	1928 年
营业时间	9:00—10:30 11:00—14:30　17:00—21:30
人均消费	134 元
提　　示	早茶只有周六日和公共假期才有，9 点开始，其他时间都是 11 点才开始营业。

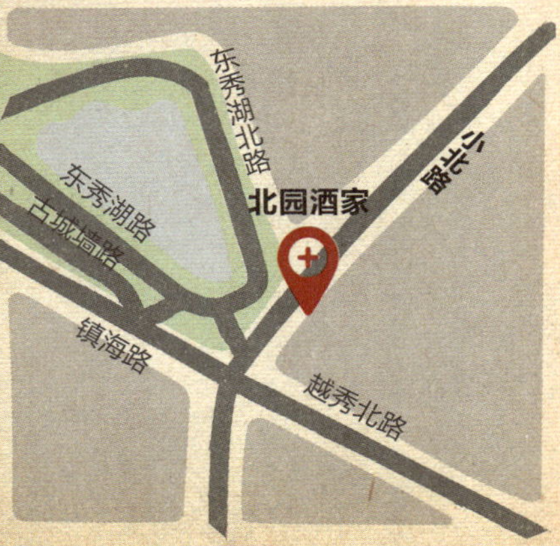

1828年

北园酒家由当时广州商会会长邹殿邦集资筹建，主营酒菜及宴会。

1957年

北园酒家由莫伯治主持进行设计建造，注重对原有园林的保留。

1984年

北园酒家第一次扩建，西院饮冰室被改建成“绮绣楼”。

1987年

北园酒家接待厅进行扩建，此项扩建设计获得 1991 年广州优秀设计奖。

1993年

北园酒家被授予“中华老字号”称号。

1997年

北园酒家的“鸡丝炸春卷”和“玉液叉烧包”被中国烹饪协会认定为首届“中华名小吃”。

1997 年

北园酒家批准为“国家特级酒家”。

老天华

“十番”绕梁承古韵 六代传递奏新音

福建省 福州市白马南路大庙新村1座21店

在福州市白马南路一条不起眼的小路上，有一家同样不起眼的小店，小店仅 4 米宽、10 米进深，门口的招牌还是 2015 年为了迎接亚运会和左右邻店统一定制的，没有任何装饰设计，路上逛街的行人甚至稍不注意就略过了。就是这样一家小店，曾经在国际博览会上屡次获奖，承载着福州本地民乐乐器制作和修复的最后希望。

为热爱 六代接力

令人意想不到的是，老天华的创始人王仕全本来是做粮油生意的商人，因为酷爱音乐，在嘉庆六年创办了天华斋乐铺，王家与福州地方十番音乐的缘分就此展开。

王道武老先生制作乐器

走进这井用手机导航都不容易发现的小店，墙上挂满了椰胡等传统乐器，靠墙的工作台一片凌乱，老店的第五代传承人王道武老先生就是在这不足 1 平方米的空间制作出一件件精巧的传统乐器。在他心里，每种工具、材料都是宝贝，就连上面的墨粉也是修补乐器的好材料，这小小的天地就是梦想的开端。

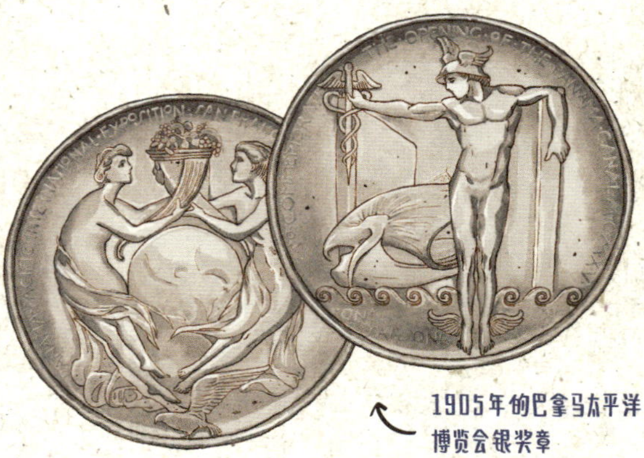

1905年的巴拿马太平洋博览会银奖章

这种骨子里对乐器行当的热爱是王家世代相传的基因，老天华第四代传承人王子燊曾拆红木床制二胡，每把售价仅 200 元，但赢得信誉。困难时期，他用全部木头家具制作乐器，使老天华乐器闻名中外，手作乐器远销东南亚，并获得 1905 年巴拿马太平洋博览会银奖。

天华乐器
老天華

炫音高鸣，惠世低调

十番音乐是福州地区流传了一百多年的民间音乐，包括吹、拉、弹、唱等多种元素，演奏者边行边奏，舞动着演奏，音色高亢，富有特色，强调后半拍，使乐曲更加欢快和诙谐。要达到这种效果，需有逗管、三弦、南胡、椰胡、锣钹、云锣等多种十番乐器和鸣，只有充分了解十番音乐的音乐特色和演奏方式才能做出令演奏者们满意的乐器。这也是老天华乐器的立店之本。

福州传统乐器的制作工艺确实对工匠有极高的要求。制作这些乐器需要木工的耐心和细心，因为任何小的偏差都可能导致音质的失真。如果工匠急于进入乐器制作阶段而忽略了木工的基础工作，很难制作出高质量的乐器。

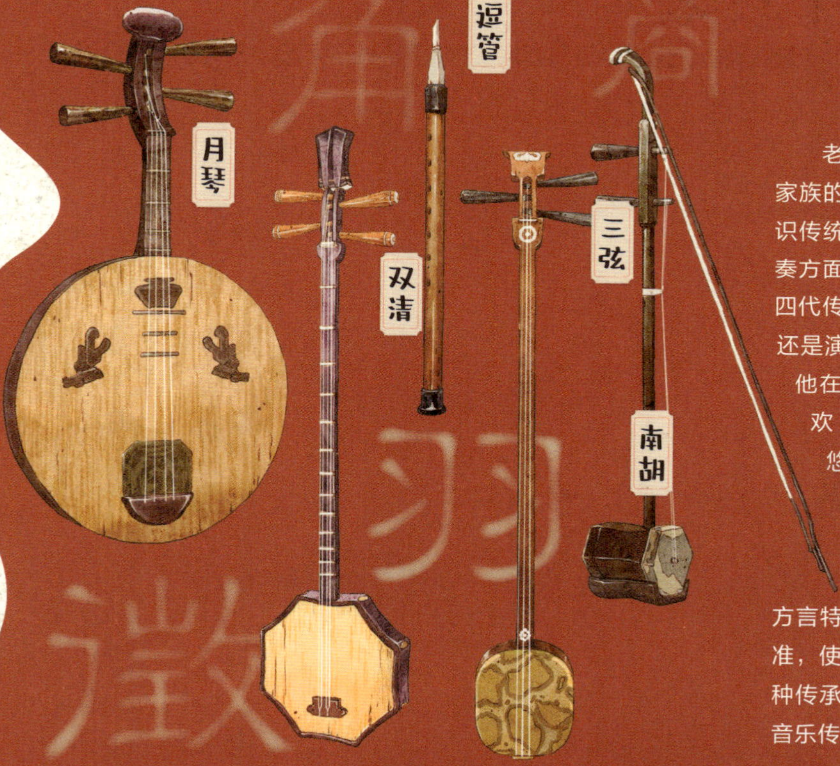

老天华作为福州传统乐器制作家族的代表，历代传承人都从小熟识传统乐器，并且有些人甚至在演奏方面达到了非常专业的水准。第四代传承人王道辉不仅是制作家，还是演奏家，几乎精通十番乐器，他在与团队合奏经典曲目《万年欢》时，甚至可以闭眼陶醉在悠扬的音乐中，完全不需要看曲谱。音乐已经成为老天华家族的一部分，因此他们能够根据乐队的需求和福州方言特色来“私人定制”乐器和音准，使音乐更加贴近当地文化。这种传承和融合使得老天华在福州的音乐传统中扮演着重要的角色。

清朝末期我国有千余种戏曲样式，如今只剩不到三百种，面对日益低迷的市场，老天华传承人们依然热情不减，积极改良创新。王道辉把双清的二弦变为三弦，还增加了逗管的低音效果。福州十番音乐在老天华的滋润下缓缓地迸发着新的生机。也许我们该庆幸，在两百年动荡中，老天华依然能为心中所爱顶住压力留住心中那一方净土，也让福州十番音乐不再无所依存。

1801年

王仕全在福州台江洋头口创办“天华斋”乐铺。

1905年

天华斋以传统乐器微缩版夺得巴拿马太平洋博览会银奖。

1910年

天华斋在南京举办的第一次劝业会文庙乐器展览中获得清朝商部的金奖。

1995年

老天华琴行并入福州台江乐器社。

2001年

老天华乐器铺被商务部评为中华老字号。

老天华乐器

福建省福州市白马南路大庙新村1座21店

创建时间 1801年

营业时间 9:00—21:00

人均消费 110元

提　　示 目前老天华第六代传承人王增鑫兼职当起了乐器老师，家长纷纷反馈教得不错。

2008年

老天华再次以微缩版传统乐器亮相上海世博会。

2009年

老天华乐器制作技艺被列入福建省第三批非物质文化遗产名录。